Arline Westmeier
Damit die Ehe (wieder) glücklich wird

Arline Westmeier

Damit die Ehe
(wieder) glücklich wird

Neue Chancen für die Ehe

Blaukreuz-Verlag Wuppertal
Blaukreuz-Verlag Bern

Dr. Arline Westmeier studierte Theologie, Psychologie und Klinische Seelsorge. Sie leitet eine Beratungsstelle und ist unter anderem Mitglied der Amerikanischen Gesellschaft für christliche Therapeuten und der christlichen Gesellschaft für psychologische Studien. Sie lebt auf Puerto Rico.

Die Deutsche Bibliothek – CIP-Einheitsaufnahme

Damit die Ehe (wieder) glücklich wird : neue Chancen für die Ehe / Arline Westmeier. - Wuppertal : Blaukreuz-Verl.; Bern : Blaukreuz-Verl., 2000
   ISBN 3-89175-160-5
   ISBN 3-85580-400-1

© by Blaukreuz-Verlag Wuppertal 2000
Umschlaggestaltung: Andreas Junge
Satz: Blaukreuz-Verlag Wuppertal
Druck und Herstellung: St. Johannis-Druckerei; Lahr

ISBN 3 89175 160 5 Blaukreuz-Verlag Wuppertal
ISBN 3 85580 400 1 Blaukreuz-Verlag Bern

Inhalt

Vorwort

Die Lebensform der Ehe ist offensichtlich in einer schweren Krise. Mein Mann und ich wohnen seit 1992 in Puerto Rico, und seither sind unter den Menschen, die zu mir in die Beratung kommen, immer mehr Frauen und Männer, die entweder verzweifelt versuchen, eine Scheidung abzuwenden, oder die eine gerade hinter ihnen liegende Scheidung verarbeiten müssen. Scheidung scheint wie ein Virus um sich zu greifen – ansteckend und tödlich.

Aber nicht nur die Paare, die beim Scheidungsrichter waren, sind voneinander „geschieden". Viele Ehepaare leben zwar noch unter demselben Dach, haben aber keinerlei Gemeinsamkeiten mehr. Sie haben vielleicht getrennte Schlafzimmer bezogen, reden nicht mehr miteinander und benutzen ihre Kinder, um einander Nachrichten zu übermitteln: „Sag deinem Vater (der dabei sitzt), dass er den Keller aufräumen muss, wenn er da gearbeitet hat."

Andere sind zwar auf dem Papier noch verheiratet, leben aber in verschiedenen Wohnungen. Manchmal kocht die Frau immer noch sein Essen und wäscht seine Wäsche, und der Mann vergnügt sich unterdessen mit einer Freundin nach der anderen. In manchen Familien hat sich dieses Szenario seit Generationen ständig wiederholt.

Wenn Gott die Ehe als Ausdruck von menschlichem Miteinander, von Liebe und gegenseitiger Ergänzung eingerichtet hat, warum ist diese Beziehung dann so schwierig, warum sind dann so wenige Ehen wirklich glücklich? Wenn er uns so erschaffen hat, dass Mann und Frau unterschiedlich sind, sich aber gegenseitig ergänzen, warum ist dann das Zusammenleben oft so problematisch?

Bei der Eheberatung habe ich immer wieder bestimmte grundlegende Prinzipien erklärt, die den Paaren neue Formen und Richtlinien für ihre Kommunikation zeigten, neue Wege in der Beziehung zueinander und neue Einsichten darüber, wie sie die Liebe des Partners fühlen und seine Bedürfnisse erfüllen konnten. Diese Grundlagen des Zusammenlebens erläutere ich in Kapitel eins und zwei.

Die meisten Leute suchen erst dann eine Beratung auf, wenn ihre Ehe bereits in einer handfesten Krise steckt. Dann bilden die vielen zurückliegenden, schmerzhaften Erfahrungen oft eine solche Barriere zwischen den Ehepartnern, dass zuerst einmal diese gegenseitigen Verletzungen bearbeitet werden müssen, bevor man an eine Versöhnung denken kann. Solche Erinnerungen können sich so festsetzen, dass die befriedigenden Bereiche in der Ehe, die auch noch da sein mögen, kaum noch wahrgenommen werden. Die bösen Erinnerungen projizieren dann ihren Schmerz in alle Bereiche des täglichen Lebens. Wie jeder Partner für sich und sie beide miteinander innerlich heil werden können, wird in Kapitel drei behandelt.

So, wie wir als Einzelpersönlichkeiten durch verschiedene Lebensabschnitte gehen, gibt es auch in einer lebenslangen Beziehung wie der Ehe unterschiedliche Phasen. In der Übergangszeit von einem Lebensabschnitt zum nächsten ist die Ehe besonderen Gefahren ausgesetzt. Denn wenn man eine Lebensphase hinter sich lässt und in die nächste eintritt, muss man Vertrautes hinter sich lassen. Viele Menschen erleben das als schmerzhaften Verlust und gehen deshalb durch eine Zeit der Trauer. Die unterschiedlichen Lebensabschnitte und die Phasen der Trauer sind das Thema des vierten und fünften Kapitels.

Manche Ehen scheinen über das „normale" Maß hinaus von Trennung oder Scheidung bedroht zu sein. Das ist zum Beispiel dann der Fall, wenn einer der Partner von einer schweren Depression betroffen ist. Zudem gibt es in manchen Familien so etwas wie eine Tradition von Eheproblemen und Scheidungen. In Kapitel sechs werden wir uns das näher anschauen.

Weitere tief greifende Probleme sind Untreue, Misshandlungen und Süchte. Das Gefühl, verraten und gedemütigt worden zu sein, kann in solchen Fällen noch tiefer und schmerzhafter sein, als beim Tod des Partners. Gibt es trotzdem Möglichkeiten, das Alte zu vergeben und neue Brücken zueinander zu bauen? Davon handelt Kapitel sieben.

Kapitel acht enthält einige Anleitungen zum Gebet. An erster Stelle steht ein Gebet, mit dem wir Jesus unser Leben anvertrauen können, damit er Heilung in unser Leben und in unsere Ehe bringen kann. Weitere Gebetsanleitungen helfen dabei, schmerzhafte Erinnerungen zu Jesus zu bringen, damit er sie heilen kann.

Viele Menschen haben in ihrer Kindheit keine konstruktiven Verhaltensmuster zum Beispiel für den Umgang mit Konflikten erlernt, weil ihre Eltern ihnen darin kein gutes Vorbild sein konnten. Im letzten Kapitel geht es darum, wie unbrauchbare oder zerstörerische Verhaltensmuster abgelegt und durch neue ersetzt werden können.

Ich danke den vielen Menschen, die mir erlaubt haben, ihre Geschichten als Beispiele in diesem Buch zu verwenden. Ich habe – außer bei meiner Schwester Annie und unserem Sohn David – alle Namen und weitere Merkmale, an denen man sie wieder erkennen könnte, geändert. Jede mögliche Ähnlichkeit mit bestimmten Personen ist daher rein zufällig.

Außerdem danke ich meiner Schwägerin Ingrid Westmeier für ihre Hilfe bei der deutschen Ausgabe dieses Buches. Ich danke meinem Mann Karl-Wilhelm und unserer Tochter Ruthie für ihre Geduld und manche hilfreichen Einsichten, die in dieses Buch Eingang gefunden haben, wobei ich besonders die Gedanken zum Leben aus der Gnade Gottes erwähnen möchte, die in Kapitel neun enthalten sind und die von meiner Tochter Ruthie stammen.

Ich widme dieses Buch in Dankbarkeit dem Andenken an meine Eltern, Harvey N. und Verna J. (Miller) Maust, die trotz aller ihrer menschlichen Begrenzungen für uns sechs Kinder ein liebevolles, stabiles Heim schufen und sich bemühten, zu Hause und in der Öffentlichkeit stets nach dem Vorbild Jesu zu leben.

Arline Westmeier

Kapitel 1
Kommunikation

„Ben denkt, dass ich dick und hässlich bin", schluchzte Jana und ließ sich auf das Sofa in meinem Sprechzimmer fallen. „Das halte ich nicht aus! Sonst hat er mir immer gesagt, wie schön ich bin. Aber jetzt findet er mich fett und hässlich. Wie konnte er sich nur so ändern?"

Ich war überrascht, denn ich kannte Jana und Ben seit ihrer Verlobungszeit. Damals waren sie zu mir in die Beratung gekommen, um über unterschiedliche Ansichten und Wertmaßstäbe zu sprechen. Seit sechs Monaten waren sie jetzt verheiratet, und nun sah Jana verstört und abgespannt aus.

Wenige Minuten später platzte Ben in mein Zimmer, fassungslos und frustriert. „Was habe ich bloß verbrochen?", fragte er. „Jana ist ganz plötzlich wütend geworden und aus der Wohnung gerannt."

„Hat sie dir nicht gesagt, was sie gekränkt hat?", fragte ich.

„Nein", antwortete er. „Sie sagte nur, ich dächte, sie sei fett und hässlich, aber das stimmt gar nicht. Sie weiß, dass ich sie schön finde!"

„Das ist nicht wahr", unterbrach Jana ihn. „Früher hat er mir oft gesagt, ich wäre schön. Aber jetzt hat er gesagt, dass ich fett und hässlich bin."

„Stimmt überhaupt nicht", protestierte Ben. „Ich habe nicht …"

„Stopp!", unterbrach ich sie beide. „Lasst uns versuchen, der Sache auf den Grund zu gehen. Wie hat das Ganze angefangen?"

„Der richtig schlimme Krach begann heute Abend, als ich von der Arbeit nach Hause kam", sagte Jana und warf Ben einen bösen Blick zu. „Aber er hat schon länger immer wieder einmal diese Dinge angedeutet."

„Aber ich habe nicht …", schaltete sich Ben ein.

„Stopp", unterbrach ich sie wieder. „Offensichtlich fühlt ihr euch beide sehr verletzt und gekränkt. Wenn wir so weitermachen, verletzt ihr euch nur noch mehr. Lasst uns ein paar Grundregeln für unser Gespräch festlegen, bevor wir gleich versuchen, die Sache zu klären."

Wenn zwei Menschen das Gleiche erleben, nehmen sie es unterschiedlich wahr, erklärte ich ihnen, ganz ähnlich wie das auch bei unseren beiden Augen ist. Obwohl beide Augen auf dasselbe Objekt schauen, sieht jedes Einzelne für sich die Dinge ein bisschen anders. Was jedes Auge sieht, ist die „Wahrheit", obwohl das Bild des einen Auges sich von dem des anderen unterscheidet. Wenn das Gehirn die beiden unterschiedlichen Bilder zusammenfügt, bekommen wir einen Eindruck von Tiefe.

„Entsprechendes wird auch geschehen, wenn ihr mir jetzt von eurem Krach berichtet. Obwohl ihr beide die Wahrheit sagt, werdet ihr mir zwei unterschiedliche Geschichten erzählen. Das liegt daran, dass du, Jana, die Sache vom Gesichtspunkt einer Frau aus schilderst und du, Ben, von deinem Gesichtspunkt als Mann. Wenn wir hinterher eure beiden ‚Wahrheiten' miteinander verbinden, sehen wir was geschehen ist, in ganzer Tiefe."

Damit beide, Ben und Jana, die Möglichkeit hatten, ihre Sicht zu schildern, legten wir einige Grundregeln fest:

1. Sie durften sich gegenseitig nicht beschuldigen.
2. Wenn einer angefangen hatte zu erzählen, hatte er das Recht, fertig zu reden, ohne unterbrochen zu werden.
3. Der andere sollte zuhören und versuchen, die Worte und ihren gefühlsmäßigen Inhalt zu verstehen.
4. Wenn einer alles gesagt hatte, sollte der andere es so wiedergeben, wie er es verstanden hatte, um sicher zu stellen, dass er nichts missverstanden hatte.
5. Dann sollte er sagen, wo er zustimmen oder wo er verstehen konnte, wie der andere die Dinge sah und sich fühlte.
6. Danach konnte er seine Sicht der Dinge schildern, wobei wieder die oben genannten Regeln galten.

Jana, die förmlich überkochte vor Wut und Schmerz, wollte ihre Geschichte zuerst erzählen. Als sie an diesem Abend von der Arbeit nach Hause gekommen war, war sie müde und fühlte sich klebrig vom Schweiß und aufgedunsen von der Hitze. Als sie sich umzog, stellte sie sich vor ihren Spiegel, rieb sich den Bauch und sagte: „Ach, ich fühle mich so fett und hässlich."

„Und weißt du, was Ben dann gemacht hat?", beschwerte sich Jana. „Er suchte die Telefonnummer von den Weight-Watchers* heraus und sagte, er würde mir ein paar Möhren kaufen!"

„Aber ich … sie …", begann Ben.

„Moment", unterbrach ich Ben. „Sag Jana erst, was du gerade von ihr gehört hast."

„Ich habe gehört, dass du gesagt hast, dass du von der Arbeit nach Hause gekommen bist, verschwitzt und klebrig, und dich fett und hässlich gefühlt hast."

„Hat er dich richtig verstanden?", fragte ich Jana.

„Ja", antwortete sie.

„Ben, kannst du verstehen, dass sie sich so gefühlt hat?"

„Ja, denn es war heiß und schwül, und sie war müde. Ich war den ganzen Tag zu Hause gewesen und hatte für mein Studium gearbeitet, und ich hatte mich darauf gefreut, dass sie nach Hause kam. Als sie dann sagte, sie finde sich fett und hässlich, wollte ich ihr helfen, dass sie sich besser fühlt, und dann …"

„Oh", stöhnte Jana, „er wollte also dafür sorgen, dass ich mich besser fühle!"

„Warte, Jana", unterbrach ich sie, „Ben ist an der Reihe. Versuche zu verstehen, was er dir sagen will. Danach bist du wieder dran. Sprich weiter, Ben."

„Nun, als sie sagte, sie fühle sich fett und hässlich, wollte ich ihr helfen, sich wieder gut zu fühlen. Deshalb habe ich nachgedacht, wie ich ihr helfen könnte. Gemüse zu essen könnte helfen. Und die Weight-Watchers könnten ihr vielleicht auch helfen …"

„Oh", ächzte Jana wieder, „ich sagte doch, dass er denkt, ich wäre …"

„Warte, Jana", unterbrach ich sie erneut. „Du bist gleich wieder an der Reihe. Was du fühlst, ist sehr wichtig. Aber versuche erst einmal zu verstehen, was Ben sagt. Mach weiter, Ben. Du hast gesagt …"

„Ja, ich überlegte, wie ich ihr helfen konnte, sich wieder besser zu fühlen. Ich finde zwar, dass sie nicht übergewichtig ist. Aber wenn sie sich trotzdem so fühlt, könnte es ja sein, dass sie es gern hätte, wenn ich ihr dabei helfe, ein paar Pfunde zu verlieren", schloss Ben

---

* Weight-Watchers ist ein verbreitetes Programm zur Gewichtskontrolle

lahm. „Ich verstehe einfach nicht, warum sie so wütend geworden ist."

„Jana", wandte ich mich nun an sie, "was hat Ben gesagt? Was hast du verstanden?"

„Dass er dachte, ich wäre fett und hässlich", spuckte sie aus.

„Hast du wirklich gehört, wie er das jetzt eben, wo er hier sitzt, gesagt hat?"

„Nun, er hat es nicht wörtlich gesagt, aber das hat er gemeint."

„Frag Ben, ob das stimmt. Und denk daran, du versuchst herauszufinden, wie er erlebt hat, was passiert ist. Danach werden wir wieder darauf hören, wie du alles empfunden hast. Könnte es sein, dass er wirklich nicht das sagen wollte, was du verstanden hast?"

„Ben", fragte Jana nun ein wenig ruhiger, „hast du wirklich nicht gemeint, dass ich fett und hässlich bin? Wirklich und wahrhaftig nicht?"

„Nein, Jana", antwortete Ben aufrichtig, „ich wollte dir nur helfen, dass du dich besser fühlst."

„Oh", stöhnte Jana auf,. „da siehst du, was ich gesagt habe. Er meint, dass ich fett und hässlich bin."

„Aber ... aber ...", stammelte Ben, nun vollkommen durcheinander.

„Halt", warf ich dazwischen. „Jana, versuche Ben zu erklären, was du verstanden hast, als er diese Worte sagte, und warum du gedacht hast, er finde dich fett und hässlich. Und Ben, hör genau zu. Ich glaube, was sie jetzt sagt, ist sehr wichtig."

„Als ich gesagt habe, dass ich mich fett und hässlich fühle, und er dann die Weight-Watchers anrufen und Möhren kaufen wollte, hatte ich das Gefühl, dass er sagt: ‚Ja, du bist wirklich so fett und hässlich, dass ich alles versuchen werde, was ich kann, damit du abnimmst, denn wie du aussiehst, ist nicht mehr auszuhalten. Du bist so fett und hässlich, dass ich bereitwillig das viele Geld für die Weight-Watchers ausgeben werde, obwohl wir beide für unseren Lebensunterhalt hart arbeiten müssen.'"

„Hast du das wirklich gemeint?", fragte ich den erstaunten Ben.

„Aber nie im Leben!"

„Bitte sag Jana, was du in Wirklichkeit denkst, wenn du sie ansiehst."

„Ich finde, sie ist sehr schön."

„Meinst du, dass sie zu dick ist?"

„Nein, ich finde, sie ist gerade richtig."

„Hast du gehört, was Ben gesagt hat, Jana?"

„Ja, er sagte, dass er mich schön findet und nicht zu fett. Aber ich glaube, das sagt er jetzt nur, weil du dabei bist."

„Kannst du uns erklären, warum du das meinst?", fragte ich Jana freundlich.

„Wenn er das wirklich nicht so sähe, dann hätte er mir doch widersprochen, als ich gesagt habe, dass ich mich fett und hässlich fühle", meinte sie.

„Was?", keuchte Ben. „Das hat doch überhaupt keinen Sinn."

„Warte, Ben", ermahnte ich ihn. „Ich will versuchen, mit anderen Worten auszudrücken, was Jana gefühlt hat. Jana, korrigiere mich, wenn ich etwas sage, das nicht stimmt. Als du sagtest, dass du dich fett und hässlich fühlst, hast du nicht gemeint, dass du wirklich zu dick und dass du hässlich bist. Eigentlich wolltest du nur sagen: ‚Ich fühle mich so aufgedunsen, und es täte mir gut, wenn du mir noch einmal versicherst, dass ich gar nicht fett und hässlich bin. Ich brauche es, von dir zu hören, dass du mich schön und attraktiv findest, auch wenn ich mich im Augenblick fett und hässlich fühle.' Wolltest du das sagen?"

„Also, ich hätte das in dem Augenblick nicht so ausdrücken können. Aber ich glaube, genau das ist es, was ich mir wirklich gewünscht habe."

„Und als Ben dann gesagt hat, er wolle dir Möhren kaufen und die Weight-Watchers anrufen, da dachtest du, er wolle dir zu verstehen geben: ‚Ja, ich finde dich auch fett und hässlich, und ich habe nur eine günstige Gelegenheit abgewartet, um dir das zu sagen.'"

„Ja", schluchzte Jana leise, „genauso hat es sich für mich angehört."

Wenn man eine dauerhafte Beziehung aufbauen will, erklärte ich ihnen, muss es einer der ersten Schritte sein, die Sprache des anderen verstehen zu lernen. Obwohl beide dieselben Wörter gebrauchen, heißt das nicht automatisch, dass sie damit auch dasselbe meinen und verstehen.

Man kann Wörter mit Lastwagenanhängern vergleichen, die jeder

Besitzer mit anderen Waren füllt. Nur äußerlich gleichen sie sich. Die Studien der Sprachforscherin Deborah Tannen haben gezeigt, dass Männer und Frauen dieselben Worte mit unterschiedlichen Bedeutungen und Gefühlen füllen. Man muss sorgfältig zuhören und genau nachfragen, wenn man erkennen will, mit welchem Inhalt der andere seine Worte verbindet.

Als Jana sagte: „Ich fühle mich fett und hässlich", hieß das: „Sag mir, dass du mich schön und attraktiv findest, auch wenn ich mich im Augenblick fett und hässlich fühle." Für Ben bedeuteten diese Worte aber: „Ich finde, ich bin zu dick. Hilf mir, ein paar Pfunde abzunehmen." Also hat er sofort die Initiative ergriffen und sich erboten, Möhren zu kaufen und die Weight-Watchers anzurufen, was ein Missverständnis war und zu einer Katastrophe führte.

Weder Ben noch Jana hatten den gefühlsmäßigen Inhalt der Worte des anderen verstanden und konnten darum auch dessen Reaktionen nicht nachvollziehen. Jana hatte zuerst nicht einmal selbst gewusst, warum sie sich durch Bens Worte so verletzt gefühlt hatte. „Wie sollte Ben verstehen, was du in diesem Augenblick brauchtest, wenn du selbst es nicht einmal wusstest?", fragte ich sie.

Da wurde sie nachdenklich „Ich hatte mir wohl gewünscht, dass er instinktiv spürte, was ich in dem Augenblick von ihm erhoffte. Und als er das nicht sagte, habe ich sofort meine schlimmsten Befürchtungen in seine Worte hineingelegt."

Viele Verheiratete erwarten, dass ihr Partner beziehungsweise ihre Partnerin automatisch versteht, was sie fühlen, brauchen und denken, wann sie reden möchten und wann sie allein gelassen werden möchten, wann sie sich Zustimmung wünschen und wann Widerspruch. Aber solch automatisches Verständnis ist unmöglich. Niemand kann in die Haut des anderen schlüpfen und spüren, was der gerade braucht. Und manchmal wissen wir – wie in unserem Falle Jana – selbst nicht einmal richtig, was wir fühlen oder erwarten.

„Ihr beide steht jetzt erst am Beginn eurer Ehe", sagte ich zu Jana und Ben. „Um tragfähige Grundlagen zu bilden, auf denen ihr eure Zukunft aufbauen könnt, müsst ihr beide als Erstes in Kontakt mit euren eigenen Gefühlen und Gedanken kommen und wagen, sie auszudrücken. Und dann müsst ihr herausfinden, wie der andere denkt und fühlt. Fragt euch gegenseitig: ,Was meinst du mit dem, was du sagst? Was fühlst du, wenn ich etwas sage? Was möchtest du gern von mir hören? Was erwartest und brauchst du von mir? Was kann ich tun, um dir zu helfen?'"

Jana hatte nie in der Haut eines Mannes gesteckt, und so verstand sie Bens Gefühle und seine Sichtweise nicht ohne weiteres. Ben als Mann waren die Gefühle und Sichtweisen einer Frau fremd. Beide konnten nicht nachvollziehen, wie der andere das Leben begriff und erlebte, ohne immer wieder zu fragen, zu sprechen, zuzuhören und sich um Verständnis zu mühen.

Als Jana auf Bens Vorschlag, Möhren zu kaufen, antwortete: „Du denkst also, dass ich wirklich fett und hässlich bin?", hätte er zurückfragen können: „Ich verstehe dich nicht. Warum sagst du das? Warum denkst du jetzt, dass ich dich fett und hässlich finde?"

Wenn Jana dann gesagt hätte: „Weißt du das nicht selbst, blöder Kerl?", wäre der Streit weiter ausgeufert, und sie hätten sich gegenseitig noch mehr verletzt.

Jana hätte aber auch antworten können: „Ich weiß es selbst nicht so ganz genau. Aber es tut mir schrecklich weh." Ben hätte dann sagen können: „Das tut mir Leid. Ich wollte dir nicht wehtun. Was hätte ich dir sagen sollen, damit du dich besser fühlst?"

Vielleicht hätte Jana dann entdeckt, was sie sich in diesem Augenblick wirklich wünschte: „Ich brauche es einfach nur, dass du mir zuhörst und merkst, wie ich mich fühle, und mir dann versicherst, dass du mich noch immer schön findest, und dass ich gar nicht fett und hässlich bin."

Ben hätte dann denken können: „Das weiß sie doch sowieso schon. Ich habe es ihr oft genug gesagt." Aber in dem Augenblick wollte Jana von Ben keine Information, sie brauchte Bestätigung.

Ben und Jana versprachen, dass sie bis zu unserem nächsten Treffen versuchen wollten, den anderen und seine Ausdrucksweise besser kennen zu lernen. Zwei Wochen später kamen sie wieder zu mir. „Das wirkt tatsächlich", sagte Ben lächelnd. „Wir hatten nicht gewusst, dass wir vieles, was wir sagen, unterschiedlich verstehen."

Einen Monat später trafen wir uns zum letzten Mal. „Du hast uns Werkzeuge in die Hand gegeben, mit denen wir arbeiten können", sagte Jana. „Das heißt nicht, dass es zwischen uns keine Missverständnisse oder keinen Streit mehr gibt. Aber wenn das vorkommt, dann halten wir an und stellen uns diese Fragen. Meist finden wir dann einen Ausweg aus unseren Problemen. Vorher wussten wir nicht, was wir machen sollten, und wenn wir versucht haben, miteinander zu sprechen, haben wir uns oft nur umso tiefer in unsere Missverständnisse verrannt."

Kommunikation und Beziehungen

Wenn man zu anderen Menschen in Beziehung kommen will, muss man sich miteinander verständigen. Ohne Kommunikation gibt es keine Beziehung zwischen Bekannten, Nachbarn, Kollegen, Eltern und Kindern, Freunden oder Ehepartnern.

In keiner Beziehung ist die Kommunikation perfekt, aber in jeder guten Beziehung ist auch die Kommunikation gut.

Wenn die Verständigung abbricht, dann beginnt die Verbindung zu bröckeln. Die meisten Ehepaare wissen das sehr gut. „Wir wissen, dass wir miteinander sprechen müssen", sagen sie, „aber wie sollen wir das hinkriegen? Jedes Mal, wenn wir es versuchen, gibt es Streit."

Die Frau beschwert sich vielleicht: „Das Problem ist, dass er immer die Hälfte vergisst und deshalb nie die ganze Sache richtig mitbekommt. Und wenn ich ihn dann an die Einzelheiten erinnere, sagt er, ich suche Streit."

Der Ehemann hält dagegen: „Das Problem ist, dass sie redet und redet und nie zum Kern der Dinge kommt. Und wenn ich versuche, die Sache auf den Punkt zu bringen, dann unterbricht sie mich mit ein paar nebensächlichen Kleinigkeiten und lenkt mich von dem ab, was ich sagen wollte. Dann höre ich eben auf zu reden."

Warum verrennen sich Ehepaare, die eine gute Beziehung zueinander aufbauen wollen und ernsthaft versuchen, sich gegenseitig zu verstehen, in diese schmerzhaften Missverständnisse? Um das besser zu verstehen, müssen wir uns anschauen, welche Unterschiede es im Denken und Empfinden von Mann und Frau gibt, und was das für ihre Verständigung miteinander bedeutet.

Kapitel 2
Gott schuf sie als Mann und Frau

Immer wieder erlebe ich, dass ein Mann zu mir kommt, weil ihm seine Frau gedroht hat, ihn zu verlassen, wenn er nicht bereit ist, eine Beratung in Anspruch zu nehmen. Meist ist er total verwirrt und kann nicht verstehen, warum seine Frau nicht mehr mit ihm zusammen leben will.

Frauen können genauso ahnungslos über den Zustand ihrer Ehe sein. Viele haben mir unter Tränen gesagt: „Ich verstehe das alles nicht. Gestern hat mein Mann mir gesagt, er wisse nicht, ob er überhaupt noch etwas für mich fühlt. Er will mich verlassen, um alleine über unsere Beziehung nachzudenken. Das kommt so plötzlich für mich, und ich weiß überhaupt nicht, warum. Ich glaube, er hat eine andere.“

Nur wenige Ehepaare können sich bei ihrer Hochzeit vorstellen, dass sie sich möglicherweise eines Tages scheiden lassen. Die meisten sind verliebt oder fühlen sich zumindest sehr zueinander hingezogen. Auch wenn sie nicht ihren Traumpartner gefunden haben, erwarten sie doch, es in der Ehe besser zu haben, als in ihrer vorherigen Lebenssituation.

Wenn das so ist, warum ist es dann so schwer, in dieser Lebensgemeinschaft zu leben, die nach Gottes Vorstellung seine Liebe zu uns Menschen widerspiegeln soll? Ein Teil des Problems liegt darin, dass Mann und Frau sich in ihrem Denken, Fühlen und Verhalten und in ihrer Lebenssicht unterscheiden.

Männer und Frauen

Als Gott den Menschen schuf, machte er zwei sich ergänzende Wesen. Beide brauchten den anderen. Jeder hatte besondere Eigenschaften und Fähigkeiten, mit denen er die Bedürfnisse des Partners ausfüllen konnte. Mann und Frau passten ideal zueinander und waren füreinander eine vollkommene Freude. Doch dann ließen sie sich vom Bösen zur Sünde verführen und wurden dadurch aus der Bahn geworfen. Plötzlich verstanden sie einander nicht mehr. Sie versteckten sich vor ihrem Schöpfer, und das führte dazu, dass sie sich auch vor sich selbst und voreinander verbargen.

Als Folge der Sünde fiel ein Fluch auf ihr Leben und ihre Beziehung zueinander: Der Mann litt hinfort unter tief verwurzelten Zweifeln an seinem Durchsetzungsvermögen. Bisher hatten er und seine Frau alles gehabt, was sie zum Leben brauchten. Nun musste der Mann die lebensnotwendige Nahrung unter viel Mühe seiner Umwelt abringen. Das bewirkte in ihm ein großes Verlangen nach unaufhörlicher Bestätigung, Anerkennung und Bewunderung durch die Frau.

Die Frau erkannte, dass ihre Umwelt nicht so harmlos war, wie sie angenommen hatte. Man konnte ihr nicht ohne weiteres vertrauen. Sie entwickelte eine tief greifende Angst vor unbekannten Gefahren, die sie selbst und die Kinder, die sie gebären würde, im Verborgenen bedrohten. Deshalb verlangte es sie danach, dass der Mann sie beschützte und ihr uneingeschränkte Beachtung schenkte.

Um diese Bedürfnisse von Mann und Frau zu erfüllen, sagt Gott ihnen, dass sie sich einander unterordnen sollen. Die Frau soll ihren Mann respektieren und der Mann seine Frau lieben und ehren, nähren und pflegen (Epheser 5,21-29; 1. Petrus 3,7).

Aber weil mit der Sünde auch die Selbstsucht in ihre Herzen eingezogen war, überhäuften sie sich gegenseitig mit Beschuldigungen und Forderungen, statt in Liebe die Bedürfnisse des anderen zu erfüllen.

Deshalb können auch Christen die Liebe und Freude und die tiefe Gemeinschaft, die Gott für die Ehe gewollt hatte, nur dann annähernd erleben, wenn sie bereit werden, auf ihr eigenes sofortiges Glück zu verzichten, um den anderen verstehen zu lernen und dessen Glück zu suchen.

Unterschiedliche Lebensauffassungen

Gott hat Männer und Frauen so geschaffen, dass sie sich gegenseitig ergänzen. Deshalb gehen wir auf unterschiedliche, aber einander ergänzende Art und Weise an das Leben heran. Der Psychologe Erik

Erikson hat diese Unterschiede ausführlich erforscht. Dazu beobachtete er junge Menschen vom Kindergarten- bis hin zum Universitätsalter, die aus vielen Gebieten der USA kamen und auch von Einwanderern aus verschiedenen Teilen der Welt stammten.

Er ließ die Kinder auf einem Tisch Puppen, Bauklötze, Tiere, Autos und eine ganze Anzahl anderer Spielzeuge zu einer Szene aufbauen. Obwohl sie aus sehr unterschiedlichen Kulturen kamen, bauten fast alle Mädchen Mauern, oder sie gebrauchten den Rand des Tisches als Mauern. Dazu errichteten sie ein kunstvoll ausgeschmücktes Tor bzw. eine Pforte. Innerhalb der Mauern bauten sie eine Familie auf, die friedlich zusammenlebte. Die Eltern spielten die Rolle, die ihrem kulturellen Herkommen entsprach. Der Vater las zum Beispiel die Zeitung oder machte Feuer, die Mutter spielte Klavier oder kochte das Essen, und die Kinder halfen entweder ihren Eltern oder sie spielten in ihrer Nähe. Alle lebten glücklich und zufrieden miteinander.

Auch die Jungen hatten sehr unterschiedliche kulturelle Hintergründe. Kaum ein Junge baute Mauern oder Familienszenen. Wenn einer das doch tat, baute er an den Ecken viele Klötze zu einem hohen Turm aufeinander. Wenn eine Familie zu ihrem Szenario gehörte, kam auf einmal ein wildes Tier oder ein Motorrad durch die Tür und brachte alle in große Gefahr. Dann musste ein tapferer Held sie retten. Weitaus öfter bauten die Jungen jedoch Szenen, in denen Lastwagen und Motorräder ineinander krachten, wo Armeen marschierten oder Autos mit quietschenden Reifen knapp einem Unfall entgingen. Alles war mit viel Getöse und Gefahr verbunden.

Als ich im zweiten Schuljahr war, durften wir, wenn wir unsere Aufgaben erledigt hatten, an einem Tisch hinten im Klassenraum spielen. Ich erinnere mich, wie einmal einer meiner Vettern und ich sehr schnell mit unseren Aufgaben fertig waren und nach hinten gingen, um mit den vorhandenen Bauklötzen und Spielzeugen zu spielen. Ich baute die Mauern eines schönen Hauses mit einem besonderen Eingang. Mein Vetter baute Türme an alle Ecken, was mir nicht besonders gefiel. Ich war gerade dabei, eine Familie in dieses Haus zu setzen, als mein Vetter plötzlich ein Motorrad durch die Mauern brechen ließ und alles zerstörte. Schließlich stritten wir uns so heftig, dass wir an unseren Platz zurückkehren mussten und nicht weiter spielen durften. Wir konnten nicht ahnen, dass Erik Erikson genau zu dieser Zeit eben dasselbe Verhalten bei den Kindern sah, die er beobachtete.

Erikson schloss daraus, dass unser Körper unverkennbar unsere Lebensauffassung beeinflusst. Von der Zeit an, wo ein Mädchen sich seiner selbst bewusst wird, spürt es instinktiv, dass zu seinem Körper eine wunderbare Pforte gehört, die zu einem Ort führt, der Leben gibt, schützt und nährt. Ihr Zugang zum Leben ist gefühlsorientiert, intuitiv, auf Beziehungen ausgerichtet und detailliert. Ich möchte das als Mikro-Lebensauffassung bezeichnen.

Wenn ein Junge sich seiner selbst bewusst wird, versucht er instinktiv durch mutiges Handeln, Überwindung von Gefahren, Rettungsaktionen, Finden von Lösungen, Erobern und Durchdringen seine Welt zu beeindrucken. Er begreift sein Leben mehr auf Grund dessen, was äußerlich sichtbar ist, er denkt logisch, lösungsorientiert und global. Ich möchte das Makro-Lebensauffassung nennen.

Erikson konnte dieses Verhalten bei Kindern jeden Alters und jeder Kultur beobachten, wenngleich er natürlich auch Mädchen erlebte, die Anteile einer Makro-Lebensauffassung hatten, und Jungen, die zu einer Mikro-Lebensauffassung tendierten. Beide Gruppen zeigten in ihrem Verhalten bestimmte Überschneidungen. Trotzdem blieb deutlich, dass Männer und Frauen unterschiedliche Formen haben, wie sie mit ihrem täglichen Leben und mit Beziehungen zu anderen Menschen umgehen und sie begreifen.

Deborah Tannens Studien zeigten, dass kleine Mädchen, Frauen mittleren Alters und alte Frauen aus verschiedenen Kulturen sich in ihrer Lebensauffassung, ihren Denkgewohnheiten und gefühlsmäßigen Strukturen weniger voneinander unterschieden als von Männern aus ihrer eigenen Kultur. Auch Männer aus unterschiedlichen Kulturen sind in ihren Persönlichkeitsstrukturen näher beieinander als bei Frauen der eigenen Kultur.

Diese Unterschiede in der Lebensauffassung von Männern und Frauen werden unter anderem in ihrem Verhältnis zu ihrer Familie sichtbar. Wenn ein Mann zur Arbeit geht oder verreist, verlässt er seine Familie und kehrt später zu ihr zurück. Wenn eine Frau zur Arbeit geht oder verreist, nimmt sie innerlich ihre Familie mit und bringt sie später wieder mit nach Hause.

Ein weiterer Unterschied liegt im Umgang mit der Sexualität. Ein Mann wird durch das, was er sieht, stimuliert. Er ist schnell erregt und kann auch ohne eine Beziehung schnell befriedigt werden. Eine Frau wird durch Nähe und Berührungen, durch Zärtlichkeit und Verständnis sexuell stimuliert. Ihre Erregung steigt langsam und braucht die Beziehung als Grundlage. Wenn die Beziehung zerstört ist, kann sich ihr Körper nicht erregen und eine sexuelle Begegnung ist dann für sie wie eine Verletzung ihrer Intimsphäre.

In der Ehe müssen diese beiden Lebensauffassungen miteinander im Gleichgewicht sein. Wenn es beide Partner nicht schaffen, von ihrer Familie auch einmal einen Schritt zurückzutreten, sind zu große Fürsorglichkeit und emotionale Übersättigung die Folge. Und wenn keiner der beiden Partner die Familie immer mit sich trägt, führt das nur zu leicht zu Entfremdung voneinander und zu Trennung. Mann und Frau brauchen sich gegenseitig, um Ausgewogenheit und Tiefe in ihre Beziehung und in die Familie zu bringen.

Bedürfnisse von Mann und Frau

Weil Männer und Frauen unterschiedlich sind, haben sie auch verschiedene Bedürfnisse. In einer Ehe brauchen es beide, sich geliebt und wertgeschätzt zu fühlen und im Leben ihres Partners etwas Besonderes zu sein. Aber kein Mann ist je eine Frau gewesen, noch jemals eine Frau ein Mann. Deshalb fällt es ihnen schwer, einander zu verstehen. Oftmals versuchen darum beide, dem anderen das Gefühl zu geben, geliebt zu sein, indem sie genau das für ihn tun, was sie selbst sich wünschen und brauchen. Aber Frauen brauchen etwas anderes, um sich geliebt zu fühlen, als Männer, und die wiederum etwas anderes, als die Frauen.

Georg und Lisa

Georg und Lisa dachten an Scheidung. Lisa hatte Georg aus der Wohnung geworfen, weil er – wie sie sagte – kaum zu Hause war und sich nicht um seine Aufgaben im Haus kümmerte. Ein Jahr zuvor hatten sie gemeinsam beschlossen, dass Lisa ihren Job aufgeben sollte, damit sie sich mehr um die drei Kinder kümmern konnte. Nun hatte Lisa das Gefühl, dass sie wie ein Sklave von morgens bis abends kochen, waschen und putzen musste.

„Wenn Georg nach Hause kommt", beklagte sie sich, „will er nur noch auf der Couch sitzen und fernsehen. Er übernimmt zu Hause überhaupt keine Verantwortung mehr. Und dann beschwert er sich obendrein, wenn die Kinder noch nicht gebadet und bettfertig sind und das Essen nicht auf dem Tisch steht, wenn er kommt. Den ganzen Tag sorge ich für ihn und die Kinder, ich putzte, koche, wasche, bügele und räume auf. Am Abend bin ich todmüde, aber er weiß das gar nicht zu schätzen. Ich kümmere mich sogar um die Finanzen!

Aber es ist nicht nur die Arbeit, die mich so belastet", fuhr sie fort, „ich sorge gern für meine Familie. Am meisten stört mich, dass er keinerlei Verantwortung übernimmt. Er hilft mir nicht einmal mit den Kindern. Alles, was er macht, ist dasitzen und fernsehen und immer dicker werden. Dauernd sage ich ihm, dass er sich sportlich betätigen muss, weil er sonst seine Gesundheit ruiniert. Aber er reagiert überhaupt nicht."

„Aber ich muss schwer arbeiten", protestierte Georg, „oft mehr als zwölf Stunden am Tag, und das alles, damit sie ihr schönes Zuhause hat. Aber sobald ich zur Tür herein komme, beginnt sie, an mir herum zu nörgeln: ‚Mach dies, mach das.' Ich habe mich den ganzen Tag um irgendwelche Probleme gekümmert und will abends einfach nichts mehr von Problemen hören. Merkt sie eigentlich nicht, was ich alles für sie tue, und dass ich am Feierabend ein bisschen Ruhe verdient habe? Meine Mutter hat sich immer allein um alles gekümmert, und sie hat sich nie beklagt."

„Ja, genau das ist es", unterbrach Lisa ihn. „Er will, dass ich seine Mutter bin. Aber ich bin nicht seine Mutter, ich bin seine Frau, und er soll mich auch wie seine Frau behandeln."

„Aber ich bin kein egoistischer, geiziger Kerl, wie manche andere Männer", fuhr Georg auf. „Ich gebe Lisa fast mein ganzes Gehalt. Und als sie einen teuren Buchführungskursus machen wollte, war ich auch damit einverstanden und habe das Geld dafür herbeigeschafft. Sie ist eine großartige Frau. Ich bewundere sie. Aber nun will sie mich auf einmal nicht mehr um sich haben, als ob ich für sie nicht gut genug wäre. Dabei liebe ich sie, und ich will keine Scheidung."

„Stimmt, er hat diesen Kursus bezahlt", sagte Lisa. „Er ist wirklich sehr großzügig mit dem Geld. Aber was nützt mir das, wenn ich ihn nie zu Gesicht bekomme, weil er immer arbeitet? Er erwartet, dass ich alles allein mache und glücklich und zufrieden bin, wenn er mir genug Geld gibt. Das Gras im Garten kann kniehoch wachsen und monatelang können Reparaturen am Haus unerledigt bleiben, ohne dass er sich darum kümmert. Ich kann ihn erinnern und erinnern, und er sagt nur: ‚Ich bin jetzt zu müde, ich mache es später.‘ Aber das ‚Später‘ kommt nie. Wenn ich sowieso alles allein tun muss, dann ist es auch besser, wenn ich allein lebe. Dann brauche ich mich wenigstens nicht auch noch um ihn zu kümmern."

„Als wir jung verheiratet waren", protestierte Georg, „habe ich versucht, ihr im Haushalt zu helfen, aber es war ihr alles nicht gut genug. Egal, wie ich mich angestrengt habe, sie sagte, es wäre nicht richtig, und sie müsste es noch mal machen. Deshalb habe ich es schließlich aufgegeben, ihr zu helfen."

„Mag ja sein, dass ich alles sehr gründlich gemacht haben will", schoss Lisa zurück, „aber er hat nie zu Ende gebracht, was er angefangen hat. Immer hat er irgendwelche Kleinigkeiten vergessen, und dann musste ich es fertig machen. Und jetzt tut er sowieso überhaupt nichts mehr."

Lisa und Georg versicherten mir übereinstimmend, dass sie sich noch liebten. Trotzdem fühlten sich beide nicht geliebt und wertgeschätzt. Wenn sie getrennt voneinander lebten, seien sie die besten Freunde, erklärten sie. Georg machte in letzter Zeit nicht mehr so viele Überstunden, und obwohl er nun wieder bei seinen Eltern lebte, verbrachte er seine meiste freie Zeit mit Lisa und den Kindern. Das einzige Problem war, dass sie es nicht aushielten, zusammen zu leben.

„So sehr ich Lisa bewundere, ich kann ihre Nörgelei einfach nicht mehr ausstehen", sagte Georg.

„Ich möchte eigentlich auch keine Scheidung", sagte Lisa, „aber ich halte seine Verantwortungslosigkeit einfach nicht mehr aus."

„Mit anderen Worten", bemerkte ich, „ihr sagt beide, dass ihr euch nicht geliebt fühlt, obwohl einer den anderen immer noch liebt.

„Ja", bestätigten sie, „darauf läuft es hinaus."

29

„Georg", fragte ich, indem ich mich ihm zuwandte, „hast du eine Idee, was du machen könntest, damit Lisa deine Liebe wirklich spürt?"

„Naja", sagte er bedächtig, „ich gebe ihr so viel Geld, wie sie braucht. Sie könnte genauso gut jemanden bezahlen, der ihr den Rasen mäht, wenn es sie so sehr stört."

„Was meinst du, wie sie sich fühlt, wenn du das sagst?"

„Sie ärgert sich."

„Hast du eine Idee, warum sie das ärgert?"

„Nun, sie sagt, der Rasen ist meine Aufgabe, und ich kümmerte mich nicht um meine Aufgaben. Aber irgendwann werde ich es schon machen. Warum lässt sie mich das nicht machen, wann ich es will?"

Ich erklärte den beiden die Unterschiede zwischen der Mikro- und der Makro-Lebensauffassung von Mann und Frau und ihre unterschiedlichen Bedürfnisse. Die Frau brauche die Fürsorge und den Schutz des Mannes, um sich geliebt zu fühlen, während der Mann ihre Wertschätzung, Anerkennung und Bewunderung spüren müsse. Das sei nicht selbstbezogen oder egoistisch, sondern es sind wirklich grundlegende Bedürfnisse, die sie sich gegenseitig erfüllen mussten, damit jeder die Liebe und Wertschätzung des anderen fühlte, ohne die er nicht leben kann.

Am Beispiel eines Autos könnte man das so erklären: Indem sie sich gegenseitig ihre Bedürfnisse erfüllten, füllten sie beim anderen den inneren „Tank" mit Treibstoff. Auch wir funktionieren nicht mehr, wenn der Tank leer ist.

„Wenn es für Lisa ein grundlegendes Bedürfnis ist, deine Aufmerksamkeit und deine Fürsorge zu spüren, was meinst du, wie sie sich dann fühlt, wenn du den Rasen nicht mähst und die Reparaturen am Haus nicht erledigst?", fragte ich Georg.

„Naja", sagte er langsam, „ich glaube, nicht sehr geliebt."

„Ziemlich im Stich gelassen von ihrem Mann, oder?"

„Könnte sein."

„Und Lisa", wandte ich mich nun an sie, „wenn es Georgs grundlegendes Bedürfnis ist, von dir anerkannt und bewundert zu werden, wie kannst du dieses Bedürfnis dann ausfüllen?"

„Ich sehe nicht mehr viel Bewundernswertes an ihm, wenn er nur faul vor dem Fernseher herumhängt und mir nicht einmal antwortet, wenn ich mit ihm spreche, wo ich doch sein Essen koche, seine Wäsche wasche und bügele und sogar noch unsere Finanzen regele."

„Wie fühlst du dich, Georg, wenn Lisa so etwas sagt?", fragte ich ihn.

„Wütend! Sie stellt es so hin, als ob das alles wäre, was ich den ganzen Tag lang tue. Dabei muss ich hart arbeiten, um ihr all das zu ermöglichen, was sie sich für die Familie wünscht. Alles, was sie macht, ist meckern und nörgeln und nörgeln."

„Dann fühlst du dich abgelehnt und missachtet, nicht wahr?"

„Sicher doch", grollte er.

„Ich will einmal zusammenfassen, was mir bei euch beiden auffällt", sagte ich. „Und bitte, korrigiert mich, wenn ich etwas missverstanden habe. Ihr liebt euch, aber ihr fühlt euch nicht geliebt. Ihr versteht beide nicht, warum sich der andere nicht geliebt fühlt, weil sich jeder so sehr bemüht, all das für den anderen zu tun, was er nach eurer Meinung braucht.

Georg, du hast mehrfach wiederholt, wie sehr du Lisa bewunderst. Du hast ihren Wunsch akzeptiert, sich weiterzubilden, und die Kosten dafür aufgebracht. Du anerkennst, wie gut sie den Haushalt und die Finanzen regelt und für die Kinder sorgt. Natürlich braucht auch sie es, anerkannt und bestätigt zu werden. Aber es ist nicht das, wodurch sie sich geliebt fühlt. Wie fühlst du dich, Lisa, wenn Georg sagt, dass er dich bewundert?"

„Oh, das ist ganz nett", antwortete Lisa, „aber wenn er mich wirklich so bewundert, wie er sagt, warum kümmert er sich dann nicht um die Dinge, für die er verantwortlich ist?"

„Siehst du, Georg, Lisa findet es zwar schön, wenn du sie bewunderst, aber sie fühlt sich auf diese Weise nicht geliebt. Bewunderung ist das, was du brauchst, um dich geliebt zu fühlen, nicht sie."

„Und du Lisa", sagte ich, „du organisierst den Haushalt und putzt sogar die hintersten Ecken, du schaffst ein gemütliches Heim, sorgst für deinen Mann und deine Kinder, widmest ihnen deine Aufmerksamkeit und versuchst sogar, Georg davor zu schützen, dass er seine Gesundheit ruiniert. Du bringst deinen Tag damit zu, einen Ort zu schaffen und zu erhalten, wo ihr glücklich und in Frieden zusammen leben könnt, ist das nicht so?"

„Wie fühlst du dich Georg, wenn Lisa sich so abrackert, um für dich und die Kinder ein gutes Zuhause zu schaffen?"

„Oh, ich weiß, dass sie schwer arbeitet", erwiderte er, „und ich weiß das zu würdigen. Aber ich sage ihr immer wieder, dass wir es uns leisten können, jemanden dafür zu bezahlen, dass er bügelt und putzt. Aber nein, sie will alles selbst machen. Niemand macht es ihr gut genug. Und dann kommt sie und beschwert sich, weil sie so müde ist, und dass ich ihr nicht helfe."

„Du siehst, Lisa, obwohl Georg ein gemütliches Heim braucht, wo du für ihn da bist und für seine Mahlzeiten und seine Kleidung sorgst, gibt ihm das noch nicht das Gefühl, geliebt zu sein. Dir würde diese Form von Aufmerksamkeit und Fürsorge das Gefühl geben, dass dein Mann dich liebt, nicht aber Georg. Er braucht, um sich geliebt zu fühlen, etwas anderes: Anerkennung und Bestätigung."

Georg und Lisa hatten versucht, einander ihre Liebe zu zeigen, indem sie dem Partner genau das gaben, wonach sie sich selbst sehnten – mit dem Erfolg, dass sie sich beide nicht geliebt fühlten.

„Georg", fragte ich, „wie oft in der Woche tust du etwas für Lisa, das ihr deine besondere Aufmerksamkeit und deine Fürsorge zeigt?"

„Nun", sagte er, „ich gebe ihr fast das ganze Geld, das ich verdiene."

„Kannst du dir noch etwas anderes vorstellen?"

„Naja, ich habe in der letzten Zeit nicht mehr so viele Überstunden gemacht."

„Seit sie dich aus dem Haus geworfen hat?"

„Ja", gab er verlegen zu. „Aber schon vorher habe ich sie manchmal gefragt, ob sie nicht mit mir zu einem Geschäftsempfang oder in ein Restaurant gehen wolle. Aber sie hat das wegen der Kinder immer abgelehnt. Sie sagt, dass sie nur ihrer Mutter zutraut, gut für sie zu sorgen. Weil ihre Mutter nun schon seit einiger Zeit krank ist, kann Lisa des Abends nicht mehr ausgehen, sagt sie.

„Ja, das stimmt", sagte Lisa. „Ich möchte nicht, dass jemand bei den Kindern ist, dem ich nicht vertrauen kann. Ich bin ihre Mutter, und ich muss mich um sie kümmern."

„Du sorgst dich wirklich sehr um sie, nicht wahr, Lisa? Aber lass uns über dieses Problem später sprechen", antwortete ich, „dann haben wir nicht so viele Eisen auf einmal im Feuer, dass wir überhaupt nicht weiterkommen. Lass uns jetzt nur überlegen, was ihr beide in dieser Woche tun könnt, damit der andere sich geliebt fühlt. Lisa, kannst du mir sagen, was du in der vorigen Woche gemacht hast, damit Georg sich angenommen und bestätigt fühlt?"

Lisa dachte eine Weile nach, und dann schüttelte sie den Kopf. „Mir fällt nichts ein", antwortete sie langsam. „Tatsächlich fällt mir überhaupt nichts ein, was ich an ihm noch besonders gut finde."

„Nun", fragte ich, „wie ist das damit, dass er treu zur Arbeit geht und dir das meiste Geld gibt, das er verdient? Du weißt, es gibt viele Männer, die das nicht tun. Hast du dich schon einmal dafür bedankt?"

„Wow!", platzte Georg heraus.

„Nein", antwortete Lisa verlegen. „Ich muss gestehen, dass ich eher sage: ‚Ist das alles? Kannst du nicht mehr Geld herbeischaffen? Wie soll das bloß reichen?'"

„Ich möchte euch ein Experiment vorschlagen", sagte ich. „Lisa, du versuchst in der kommenden Woche an jedem Tag Georg gegenüber deine Anerkennung für irgendetwas Gutes auszudrücken, das du an ihm siehst. Wenn er dir das Geld gibt, könntest du zum Beispiel sagen: ‚Danke, dass du für uns sorgst. Ich bin stolz darauf, wie du dich in der Firma hochgearbeitet hast.'

Und Georg, was meinst du, was du in dieser Woche tun könntest, damit Lisa deine besondere Aufmerksamkeit und deine Fürsorge fühlt?"

„Naja", sagte er bedächtig, „ich glaube, ich könnte den Rasen mähen."

„Ja", antwortete ich, „oder wenigstens jemanden suchen, der das macht. Und wie wäre es, wenn du abends für eine viertel Stunde den Fernseher ausschaltest und ihr einfach nur zuhörst? Wenn du ihr dabei in die Augen siehst und auf die Gefühle achtest, die sie dir mitteilen möchte, spürt sie, dass sie dir wirklich wichtig ist. Drückt sie Freude aus, Traurigkeit, Angst, Unsicherheit, Zuversicht, oder möchte sie, dass du ihr etwas sagst? Wenn du es nicht erkennst, dann frage sie danach: ‚Wie fühlst du dich dabei? Was möchtest du von mir? Was brauchst du von mir? Was kann ich für dich tun?' Schenke ihr in dieser Woche jeden Tag eine Viertelstunde lang deine ungeteilte Aufmerksamkeit, und dann handle nach dem, worum sie dich gebeten hat."

„Oh", keuchte Georg, „ich weiß nicht, ob ich das schaffe."

„Keine Angst", sagte ich ihnen lächelnd. „Es ist nur für eine Woche. Ihr werdet von dieser Kur nicht sterben."

Sie verließen mich mit dem Versprechen, es zu versuchen.

In der folgenden Woche kamen sie wieder zu mir. Sie waren erstaunt, wie schwer ihnen ihre Aufgabe gefallen war. Beide hatten es nicht geschafft, in jedem Falle durchzuhalten. Georg war bewusst geworden, dass er seine Arbeit und das Fernsehen gebraucht hatte, um sich zurückzuziehen und sich so gegen Lisa abzugrenzen und sich gegen das zu wehren, was sie von ihm erwartete. Er hatte ihr nicht zuhören wollen, weil er sich sonst dafür schuldig gefühlt hätte, dass er weiter tat, was ihm gefiel.

Auch Lisa war über ihr Verhalten erschrocken. „Ich war so sicher, dass Georg alleine an unserem ganzen Problem Schuld war. Aber wenn ich in der letzten Woche nur daran dachte, ‚Danke' zu sagen oder Anerkennung auszudrücken, fühlte ich, wie in mir eine Mauer von Ablehnung wuchs, und diese Worte nicht über meine Lippen kommen wollten. Es ist mir noch nie leicht gefallen, so etwas zu sagen. Und inzwischen fühle ich mich von Georg so verletzt, dass es noch viel schwerer ist."

„Ja", sagte ich, „das ist ein weiterer Punkt, der es euch in eurer Ehe schwer macht: Die Verletzungen, die ihr einander zugefügt habt. Sie müssen heilen, damit auch eure Beziehung wieder heil werden kann. Bevor wir weitergehen können, müssen wir uns deshalb um diese Verletzungen in euch beiden kümmern."

Um Vergebung bitten und Vergebung gewähren

In der Ehe – genau wie in jeder anderen Beziehung – müssen wir einander vergeben, damit der Schmerz heilen kann, den wir uns gegenseitig immer wieder gewollt oder ungewollt zufügen.

„Georg", wandte ich mich an ihn, „gibt es zwischen euch irgendetwas, wofür du Lisa um Vergebung bitten solltest?"

„Ich bitte sie oft um Verzeihung", antwortete er, „aber sie reagiert nicht darauf."

„Wie hast du sie denn um Verzeihung gebeten?", fragte ich.

„Nun, ich habe sie gebeten, mir alles zu vergeben, was ich jemals verkehrt gemacht habe und womit ich sie verletzt haben könnte."

„Genauso? So allgemein? Ohne zu sagen, was du im Einzelnen verkehrt gemacht hast, oder wofür du dich entschuldigen wolltest?"

„Ja, das reicht doch auch. Aber sie geht überhaupt nicht darauf ein. Sie wärmt immer wieder alles von neuem auf."

Ich erklärte, dass es ganz bestimmte Verhaltensweisen, Worte, Taten oder Unterlassungen sind, durch die wir andere verletzen. Wenn wir uns dafür nur global entschuldigen, ohne einzugestehen, was wir im Einzelnen verkehrt gemacht haben, und uns so davor drücken, die Verantwortung für unser Fehlverhalten zu übernehmen, bringt das keine Lösung.

„Georg, was war das im Einzelnen, für das du dich entschuldigen wolltest? An welches bestimmte Fehlverhalten hast du gedacht? Für welche verkehrte Handlung hast du da die Verantwortung übernommen?"

Georg dachte eine Weile nach und sagte dann: „An etwas Bestimmtes habe ich eigentlich nicht dabei gedacht."

„Dann hast du dich also nie für eine ganz bestimmte Sache entschuldigt?"

„Nein, ich glaube nicht."

„Georg, bitte Gott darum, dir in der nächsten Woche bestimmte Punkte zu zeigen, wo du deine Frau verletzt hast. Schreib auf, was er dir klar macht, und bitte Lisa, dir diese Dinge zu vergeben. Wenn dir beim Nachdenken darüber auch eine Menge Dinge in den Sinn kommen, für die Lisa sich bei dir entschuldigen sollte, schreibe sie ebenfalls auf und bringe deine beiden Listen nächste Woche mit."

„Und Lisa", wandte ich mich an sie, „erinnerst du dich an bestimmte Dinge, die du verkehrt gemacht hast, und für die du Georg noch nicht um Verzeihung gebeten hast?"

„Warum soll ich mich entschuldigen, wenn er sich ständig entschuldigt und dann doch nie etwas ändert?"

„Das tut dir weh Lisa, nicht wahr?", antwortete ich. „Und darauf werden wir noch eingehen. Aber im Augenblick sind wir bei einem anderen Thema. Ich bin sicher, dass du dich an eine ganze Reihe von bestimmten Vorfällen erinnerst, für die Georg sich deiner Ansicht nach entschuldigen sollte, denn die meisten Frauen können sich Einzelheiten gut merken. Notiere dir zu jeder Sache ein Wort oder einen Satz, so viel, dass du dich konkret daran erinnern kannst. Und wenn du das getan hast, bitte Gott, dir zu zeigen, wo und wann du Georg verletzt hast.

Weißt du, Lisa", fuhr ich freundlich fort, „du kannst Georg nicht ändern. Jeder von uns kann nur sich selbst ändern, und auch das nur durch die Gnade Gottes. Georg selbst ist der Einzige, der Georg ändern kann. Deshalb wird er darüber nachdenken und aufschreiben, wofür er sich entschuldigen sollte. Willst du das für dich auch tun?" Ohne große Begeisterung willigte sie ein, es zu versuchen.

In Georgs Makro-Lebensauffassung waren der ungemähte Rasen und die unerledigten Reparaturen im Haus nebensächliche Kleinigkeiten, bloße „Randerscheinungen". Aber für Lisa mit ihrer Mikro-Lebenssicht, waren sie Prüfsteine ihrer Ehe, die ihr zeigten, ob sie und ihre Familie für Georg wichtig waren. Für sie verletzten diese sich wiederholenden „Kleinigkeiten" die Beziehung, von der sie lebte.

Um Georg zu zeigen, wie wichtig ihr diese Beziehung zu ihm war und wie sehr er ihr fehlte, wenn er nicht dazu gehörte, erinnerte Lisa ihn ständig an die Dinge, die sie von ihm erwartete. Aber aus Georgs Makro-Perspektive war das bloße Nörgelei. Bei ihm kam an, dass sie ihn heruntermachte, ihm nicht vertraute und nie zufrieden mit ihm war – ganz gleich, was er machte und wie hart er arbeitete. Er fühlte sich herabgesetzt und missachtet. Deshalb zog er sich immer weiter zurück und schloss Lisa immer mehr aus.

Aber bevor Lisa und Georg einander um Vergebung bitten und verzeihen konnten, mussten wir uns um ihren emotionalen Schmerz kümmern, den sie sich gegenseitig zugefügt hatten.

Solchen Schmerz gibt es auch in der besten Ehe. Bevor die Beziehung sich weiter entwickeln kann, muss er heilen. Im nächsten Kapitel werden wir uns genauer damit befassen, wie das geschehen kann.

Kapitel 3
Heilung schmerzhafter Erinnerungen

Schmerzhafte Erinnerungen können die Beziehung der Ehepartner behindern und blockieren und schließlich zu Trennung und Scheidung führen.

Bei Georg und Lisa, von denen ich im letzten Kapitel berichtete, war das der Fall. Der Schmerz von Lisas „Nörgelei" einerseits und Georgs „Verantwortungslosigkeit" auf der anderen Seite musste heilen, bevor sie ihre Vergangenheit hinter sich lassen und neu aufeinander zugehen konnten.

Seelischen Schmerz heilen

Viele von uns tragen schmerzhafte Erinnerungen von verletzenden Worten, gebrochenen Versprechen oder zerstörten Beziehungen mit sich. Sie wirken wie Haufen heißer Asche, die wir umgehen, um unseren Schmerz nicht von neuem spüren zu müssen. Man kann das so illustrieren:

Erinnerungen umgehen, um ihren Schmerz nicht wieder zu fühlen

Wenn wir ganz allein lebten, könnten wir vielleicht auf diese Weise mit unserem Schmerz zurecht kommen und ein relativ normales Leben führen. Aber wir leben nicht allein, und deshalb kommen wir zwangsläufig mit anderen in Kontakt, entweder zu Hause, an der Arbeitsstelle, beim Einkaufen und sogar, wenn wir einfach nur über die Straße gehen. In einer Ehe wird der Kontakt sehr eng. Wenn dann einer oder beide Partner schmerzhaften Erinnerungen ausweichen, stoßen sie unweigerlich zusammen. Die folgende Illustration macht das deutlich:

Wenn beide Partner schmerzhaften Erinnerungen ausweichen,
ergeben sich Zusammenstöße

In solchen Fällen zeigt eine Eheberatung wenig bleibende Ergebnisse, auch wenn die Partner danach vielleicht eine Zeit lang besser miteinander auskommen. Die Situation kann sich sogar verschlechtern, wenn nun beide kritisch darauf achten, dass der andere auch tut, was er tun sollte. Wer sich nicht mit seiner schmerzhaften Vergangenheit befassen möchte, aber Zusammenstöße vermeiden will, versucht dann vielleicht, in einer anderen Richtung den Schmerz zu umgehen. Was das zur Folge haben kann, illustriert die unten stehende Zeichnung:

Wenn die Ehepartner schmerzhafte Erinnerungen umgehen und
gleichzeitig Zusammenstöße vermeiden wollen, führt das zur
Entfremdung

Aber es gibt einen Ausweg aus dieser hoffnungslosen Situation, denn Jesus, der Sohn Gottes, kann und will zerbrochene Herzen heilen. Schon Jahrhunderte bevor Jesus geboren wurde, sagte das Jesaja, ein Prophet des Alten Testamentes, über ihn voraus, und Jesus bestätigte es ausdrücklich zu Beginn seines Dienstes: „Der Geist Gottes des Herrn ist auf mir, weil der Herr mich gesalbt hat. Er hat mich gesandt, den Elenden gute Botschaft zu bringen, die zerbrochenen Herzen zu verbinden, den Gefangenen die Freiheit zu verkündigen, den Gebundenen, dass sie frei und ledig sein sollen, ... alle Trauernden zu trösten. Den Trauernden zu schaffen, dass ihnen Schmuck statt Asche, Freudenöl statt Trauerkleid, Lobgesang statt eines betrübten Geistes gegeben werden" (Jesaja 61,1-4).

Jesus tadelt uns nicht, wenn wir verwundet sind, sondern tröstet uns. Er versteht, wie schmerzhaft unsere seelischen Verletzungen sind. Sein Herz ist voller Mitleid für uns und unsere Not, und er möchte uns heilen.

Wie das geschehen kann, wird klarer, wenn wir die Vorgänge in unserer Seele verstehen. Man kann sich die unterschiedlichen Schichten der Seele folgenderweise vorstellen:

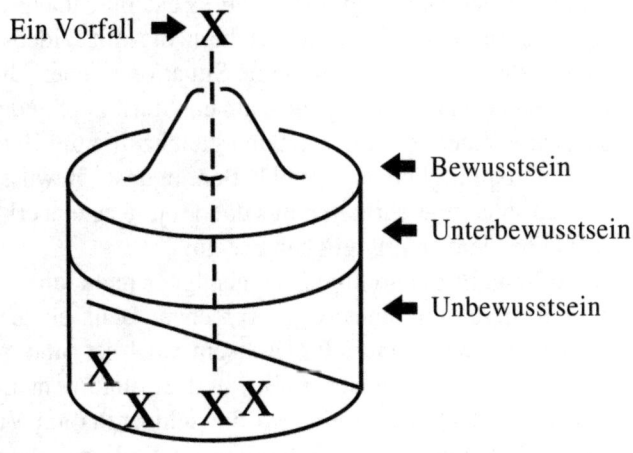

Verdrängungslinie

Alles, was wir erleben, ob es schön oder schmerzhaft ist, nehmen wir mit unserem Bewusstsein wahr. Aber im Laufe der Zeit verblasst die Erinnerung an das Ereignis. Sie lebt dann in unserem Unterbewusstsein. Nur wenn wir nachdenken und uns darauf konzentrieren, können wir sie zurückrufen und wieder in unser Bewusstsein bringen. Außer bei sehr eindrücklichen Ereignissen, sinkt die Erinnerung schließlich in unser Unbewusstsein und kommt dann nur durch besondere Erlebnisse wieder zum Vorschein. Diesen Vorgang nennt man passives Vergessen. Er ist normal und gut, denn es wäre nicht verkraftbar, sich ständig all der Dinge bewusst zu sein, die man von Geburt an erlebt hat.

Eine zweite Form des Vergessens ist das so genannte aktive Vergessen. Wenn man etwas so Schmerzhaftes erlebt, dass man es nicht ertragen kann, verdrängt man es automatisch, was durch die Verdrängungslinie in der nebenstehenden Skizze angedeutet wird. Man sagt sich dann mehr oder weniger bewusst: „Ich werde das vergessen. Ich will einfach nicht mehr daran denken." Wir können uns dann nach einiger Zeit auch wirklich nicht mehr an den Vorfall zurückerinnern, wenngleich die Erinnerung daran nicht gelöscht ist, sondern noch tief in unserem Unbewusstsein aufbewahrt wird.

In unserem Unterbewusstsein und im Unbewusstsein werden Erinnerungen mitsamt den Gefühlen, die wir im Zusammenhang damit erlebten, in Bildern oder Szenen gespeichert, die mit Videos vergleichbar sind. Wenn wir dann später eine Situation erleben, die der gespeicherten Szene ähnelt, wird gleichsam ein Startknopf gedrückt, der in uns das alte Video in Gang setzt und gleichzeitig die Gefühle, die wir bei dem ursprünglichen Vorfall hatten, in unser Bewusstsein projiziert. Wir fühlen und verhalten uns dann, ohne es uns erklären zu können, wie bei dem ursprünglichen Ereignis.

Um diese Automatik zu durchbrechen, genügt es nicht, die Verletzungen zu analysieren und über sie zu sprechen. Denn ein Zeitgefühl haben wir nur, wenn unser Bewusstsein wach ist, und Worte und Sprache gibt es nur in unserem Bewusstsein und dem Unterbewusstsein. Unser Unbewusstsein, wo die schmerzhaften Videos gespeichert sind, kennt weder Zeitgefühl noch Worte. Deshalb bleibt der Schmerz, solange nicht jene Szenen oder Videos geändert werden.

Diese schmerzhaften Erfahrungen können aus unserer Kindheit, unserer Jugend oder aus früheren Beziehungen stammen, aber auch aus unserem gegenwärtigen täglichen Leben. Wie Jesus traumatische Erfahrungen unseres täglichen Lebens heilen kann, haben mein Mann und ich einmal sehr eindrücklich erlebt.

Umzug nach Puerto Rico

Als mein Mann Karl-Wilhelm und ich von New York nach Puerto Rico umzogen, brachte das für uns eine Menge Veränderungen mit sich. Das Klima war unerträglich schwül und heiß. Wir zogen aus einem großen Haus in ein kleines Apartment, das nun vollgestopft war mit unausgepackten Kartons. In meinem rechten Fuß war durch einen Unfall ein Knochen gebrochen und verlagert, was erst fünf Jahre später entdeckt wurde, und ich konnte kaum laufen. Ich brauchte eine Hormonbehandlung und wusste es nicht. Zum ersten Mal waren wir nicht mehr für unsere Kinder verantwortlich, um nur einige der Veränderungen zu nennen, die Spannungen in unser Leben brachten.

In den ersten Wochen gingen wir durch die in meiner Sicht schwierigste Zeit unserer Ehe. Mir kam es vor, als ob mein Mann ständig zwischen meinen Füßen herumliefe und mich störte. Oder aber er kam zu spät nach Hause und fasste alles, was ich sagte, verkehrt auf. Obwohl wir in den dreißig Jahren unserer Ehe immer wie Nomaden gelebt hatten, brachten mich dieses Mal die vielen Veränderungen und der Lärm der Handwerker, die unsere Wohnung renovierten, völlig aus dem Gleis.

Eines Abends nach einem weiteren spannungsgeladenen Tag meinte Karl-Wilhelm, wir sollten uns eine kleine Erholungspause gönnen. Er machte den Vorschlag, zu einem der schönen Hotels am Strand von San Juan zu gehen. So könnten wir der Hitze in unserer Wohnung entfliehen und uns in den klimatisierten Räumen entspannen. Wir konnten uns zwar kein richtiges Menü leisten, aber wir konnten eine Suppe essen und die gepflegte Atmosphäre genießen.

Wir verbrachten einen wirklich schönen, erholsamen Abend miteinander. Bevor wir das Hotel verließen, ging ich noch zur Toilette. Ich verstand, dass Karl-Wilhelm in der Zwischenzeit schon das Auto holen wollte. Also würde ich auf einer Bank vor dem Eingang auf ihn warten, wie ich es schon mehrmals getan hatte. Ich verließ die Toilette, ging durch die Empfangshalle nach draußen und setzte mich dort.

Ich wartete und wartete: Zwanzig, dreißig Minuten vergingen. „Wo bleibt Karl-Wilhelm bloß?" fragte ich mich. „Ich kann nicht glauben, dass er mir das antut. Nun, wenigstens weiß ich, dass er nicht ohne mich nach Hause fahren würde. Aber warum kommt er nicht? Ich kann das einfach nicht verstehen!"

Während der ganzen Zeit saß mir gegenüber auf einer Bank auf der anderen Seite des Weges ein Ehepaar. Mir kam es so vor, dass sie mich anstarrten, als wäre ich eine arme verlassene Frau, die von ihrem Mann einfach sitzen gelassen worden war.

Fünfundvierzig Minuten vergingen. Meine Gedanken rasten: „Ich bin sicher, dass er nicht ohne mich nach Hause gefahren ist. Karl-Wilhelm würde so etwas nie tun. Er ist einfach nicht so ein Mann. Ich musste an Frauen aus meiner Beratungspraxis denken, die wirklich von ihren Ehemännern in bestimmten Situationen allein gelassen worden waren. Was würde ich tun, wenn auch mir so etwas geschähe? Ich habe nicht genug Geld bei mir, um mit einem Taxi nach Hause zu fahren. Ich könnte mir auf unsere Kreditkarte ein Hotelzimmer nehmen, aber das müssten wir dann später trotzdem noch bezahlen. Hört auf, mich anzustarren, Leute! Mein Mann hat mich nicht sitzen gelassen!"

Fünfzig Minuten. „Das kann nicht wahr sein, dass er mir das antut. Er kann sich doch in den letzten Tagen nicht so über mich geärgert haben, dass er das machen würde, nur um mir etwas heimzuzahlen. Nein, das würde er nicht tun, er ist einfach nicht so. Aber was soll ich machen? Ich glaube, ich habe nicht einmal genug Kleingeld bei mir, um ihn anzurufen. Und außerdem: Wo sollte ich denn anrufen?"

Weitere zehn Minuten vergingen, als Karl-Wilhelm plötzlich auftauchte und sagte: „Ich hole jetzt das Auto."

„Ich dachte, das hättest du schon längst getan", antwortete ich. Ich stieg ins Auto, und wir fuhren in totalem Schweigen nach Hause. Einen Großteil der Nacht verbrachte ich weinend auf der Couch im Wohnzimmer.

Am nächsten Morgen fühlten wir uns beide sehr, sehr unglücklich. „Sieh mal", sagte Karl-Wilhelm, „du sagst den Leuten immer, dass sie ihre Verletzungen zu Jesus bringen sollen. Warum tun wir das nicht auch?"

„Gut", stimmte ich zu, „versuchen wir es."

„In Ordnung. Du fängst an", sagte er.

Einer musste ja anfangen, und so begann ich, Jesus zu schildern, was nun wieder wie ein Video vor meinen inneren Augen ablief: „Herr Jesus, ich sitze auf der Bank draußen vor dem Hotel unter den schönen Bäumen und warte auf Karl-Wilhelm. Aber er kommt nicht und kommt nicht. Und ich fange an zu überlegen, was ich mache, wenn er wirklich nicht kommt. Ich weiß, dass ich nicht genug Geld bei mir habe, um mit dem Taxi nach Hause zu fahren. Und dann ist da dieses Ehepaar. Sie starren mich an, als hätte mein Mann mich sitzen gelassen, und ich schäme mich und fühle mich so schrecklich, dass ich diesen Platz am liebsten nie wieder sehen will. Ich denke ..."

„Warte", unterbrach Karl-Wilhelm mich plötzlich, „ich muss dir etwas erklären. Als du zur Toilette gingst, habe ich mich in der Empfangshalle hingesetzt, um auf dich zu warten und dann mit dir zusammen nach draußen zu gehen." Auch er hatte gewartet und gewartet, zwanzig Minuten, dreißig Minuten. Gedanken waren durch seinen Kopf gestürmt. „Nun revanchiert sich Arline für die vielen Reibereien in den letzten Tagen. Sie bleibt so lange in der Toilette, damit ich warten muss. Wie kann sie so etwas nur tun! Aber Arline ist eigentlich gar nicht so. Sie würde das nie machen. Warum kommt sie denn nur nicht? Sie muss sich diesmal wirklich sehr gekränkt gefühlt haben. Vielleicht ist sie auch in einen anderen Teil des Hotels gegangen. Ich habe noch nie erlebt, dass sie so etwas gemacht hat. Sie revanchiert sich nie für irgendetwas. Ich verstehe nicht, was passiert ist."

Er suchte mich eine halbe Stunde lang im ganzen Hotel und fand mich nicht. Schließlich fiel ihm ein, dass ich vielleicht auf einer der Bänke vor dem Hotel sitzen könnte. Wir konnten uns nicht erklären, wie er in der Empfangshalle auf mich warten und ich genau dort hindurch gehen konnte, ohne dass wir einander bemerkten. Das Ganze war ein Riesenmissverständnis gewesen, das uns tief verunsichert und verletzt hatte.

So fuhr ich nun mit meinem Gebet um Heilung fort. „Herr Jesus, du stehst vor mir und hältst einen großen Sack für diesen ganzen Müll bereit. Ich rolle diese Szene dort vor dem Hotel zusammen, zerstampfe sie zu Asche und werfe alles in deinen Sack: dieses Ehepaar, das mich so angestarrt hat, meine Angst und Scham, die Verlassenheit und Verwirrung, die ich gefühlt habe. Ich verschließe den Sack in deinem Namen. Du nimmst ihn auf deine Schultern und trägst ihn ans Kreuz. Danke, dass du gestorben bist, um mein verletztes Herz zu heilen. Und nun gib mir bitte irgendetwas Schönes, an das ich mich stattdessen erinnern kann."

Vor meinem inneren Auge war es, als ob sich ein Vorhang über diese ganze Szene schob. Ich sah nun nur noch die Schönheit der Bäume und Sträucher, und ich hörte das Rauschen des Wassers vom Springbrunnen hinter mir. Der Schmerz war vergangen. Dann brachte auch Karl-Wilhelm seine Erinnerung zu Jesus, und sein Schmerz verschwand ebenfalls. Gemeinsam dankten wir unserem Herrn, dass er uns befreit hatte.

Wären unsere schmerzhaften Erinnerungen nicht geheilt worden, dann wären jene Gefühle jedes Mal wieder aufgewacht, wenn einer von uns länger als vereinbart auf den anderen hätte warten müssen. Unsere Angst und die inneren Anklagen gegeneinander hätten sich dann vervielfacht. Vielleicht hätten wir deshalb eines Tages nicht mehr geglaubt, dass der andere uns nicht absichtlich verletzte. Ich hätte nicht mehr auf dieser Bank vor dem Hotel auf meinen Mann warten wollen, weil dann jedes Mal die Erinnerung an jenen verhängnisvollen Abend wieder erwacht wäre. Wenn später vielleicht noch mehr Orte mit schmerzhaften Erinnerungen behaftet gewesen wären, hätten wir es möglicherweise am Ende unerträglich gefunden, auf Puerto Rico zu leben, trotz der atemberaubenden Schönheit dieser Insel und der Freundlichkeit und Liebe ihrer Einwohner.

Man mag diese Sache als einen kleinen, alltäglichen Vorfall abtun, den man einfach übergehen sollte. Aber bei vielen Paaren führt die Anhäufung von solchen kleinen alltäglichen Kränkungen zu Kälte, Distanz und Gleichgültigkeit – der Punkt, an dem eine Scheidung beginnt.

Eine Entfremdung kann aber auch durch so schlimmes Verhalten oder so grausamen Missbrauch entstanden sein, dass wir uns unfähig fühlen, Heilung zu empfangen und zu vergeben. Gibt es in solchen Situationen noch einen Ausweg?

Unverzeihliches vergeben

In manchen Ehen gibt es erschreckenden Missbrauch und unerträgliche Misshandlungen. Wer so etwas erleidet, fühlt sich vielleicht unfähig, dem Ehepartner zu vergeben. Oder wenn er es schafft, zu vergeben, bleibt doch der Schmerz. Mancher harrt trotz unerträglicher Umstände in der Ehe aus, aber nicht aus Liebe und Respekt, sondern vielleicht der Kinder wegen oder weil er vom Einkommen des Partners abhängig ist oder nicht zum allein erziehenden Elternteil werden will. Vielleicht ist eine Scheidung aus religiösen Gründen oder wegen entsprechender Landesgesetze unmöglich. Mancher hat mir auch schon gesagt: „Unsere Ehe funktioniert nicht mehr, aber ich will mich nicht scheiden lassen. Ich musste für das, was wir haben, so hart arbeiten. Jetzt gönne ich ihm nicht das Vergnügen, es ohne mich zu genießen." Ein Bisschen von all dem spielte in der Ehe von Norbert und Birgit eine Rolle.

Norbert und Birgit

Norbert war Steward bei einer internationalen Luftfahrtgesellschaft. Wenn er nicht arbeiten musste, verbrachte er seine Zeit damit, zusammen mit seinen Kumpels zu trinken. Sein Dienstplan enthielt immer mehrere Tage mit viel und intensiver Arbeit und dann eine Reihe von freien Tagen. Dann konnte er trinken, soviel er wollte, bis er vor seinem nächsten Flug wieder nüchtern werden musste. Diese freien Tage waren immer ein Alptraum für Birgit. Norbert war dann ständig betrunken, schlief mit fremden Frauen und misshandelte Birgit verbal und körperlich.

Im Laufe der Jahre wurde Norbert immer depressiver und versank tiefer und tiefer im Alkoholismus. Als er anfing, seinen Dienst zu vernachlässigen, schickte ihn seine Fluggesellschaft zur Entgiftung in ein Rehabilitationszentrum für Alkoholkranke. Das half ihm, seinen Alkoholkonsum zu verringern, aber seine Depression wurde immer schlimmer, bis er deswegen schließlich entlassen wurde. Nun stand er nur noch aus dem Bett auf, wenn er allein im Haus war. Dann holte er sich etwas zu essen und dazu eine Flasche Rum aus seinem geheimen Vorrat. Den füllte er immer wieder auf, indem er seine Kinder zwang, für ihn einzukaufen. Wenn niemand zu Hause war, brachte ihm auch hin und wieder ein Kumpel aus der Nachbarschaft heimlich Nachschub.

Zuerst hielt Birgit an der Ehe fest, weil sie Norbert noch liebte und hoffte, er werde sich ändern. Sie wollte nicht, dass ihre Kinder ohne Vater aufwuchsen. Da sie eine gute Ausbildung hatte und sehr klug war, hatte sie eine hohe Position in der Geschäftsführung ihrer Firma. So konnte sie ein Haus kaufen und den Kindern eine gute Ausbildung ermöglichen.

Aber nun waren die Kinder dabei, das Haus zu verlassen, und Birgit war die ganze Sache leid. Doch Norbert weigerte sich zu gehen, und wenn sie selbst ausgezogen wäre, hätte sie das Haus verloren, für das sie so schwer gearbeitet hatte. Diese Ungerechtigkeit quälte sie. In ihren Augen war Norbert nur noch ein Drache, der alles um sich herum zerstörte. Tag für Tag überschüttete sie ihn mit ihrem Zorn, ihrer Verachtung und Geringschätzung. Ihn schien das nicht zu rühren. Er lag nur in seinem Bett und kehrte seinen breiten Rücken wie einen Schutzschild gegen Birgit und ihre vernichtenden Worte.

Es war zu dieser Zeit, als Birgit von der Liebe Gottes hörte und Jesus als ihren Retter annahm. Aber noch immer war ihr Herz ihrem Mann gegenüber hart wie Stein, und sie wollte ihm niemals vergeben.

„Dieser Drachen! Ich will nicht, dass er Vergebung bekommt“, erklärte Birgit in einer Gesprächsgruppe bei einem Seminar für innere Heilung. „Jahrelang hat er mich misshandelt. Ich will nicht, dass ihm das einfach vergeben wird. Er verdient es nicht! Er soll bezahlen für das, was er getan hat! Ich will mein Recht!“

„Ja“, antwortete ich freundlich, „was er dir angetan hat, tut sehr weh, nicht wahr? Weißt du, Birgit, wenn du wütend bist über diese ganze Ungerechtigkeit, dann fühlst du genau dasselbe wie Gott. Was Norbert dir angetan hat, ist wirklich gemein und ungerecht. Und Gott ist ein gerechter Gott. Für das, was Norbert getan hat, muss er für alle Ewigkeit bezahlen, es sei denn, er öffnet sich, bekennt seine Schuld und bittet Jesus, der dafür am Kreuz mit seinem Leben bezahlt hat, um Vergebung.

Glaube mir, Gott ist über das, was Norbert dir angetan hat, noch viel zorniger als du. So hatte sich Gott dein Leben nicht vorgestellt. Gott wollte eigentlich, dass du im Paradies lebtest, wo das alles nie hätte geschehen können. Aber du lebst nun einmal nicht im Paradies, und du hast viel erlitten. Deshalb kommt Jesus jetzt zu dir und sagt dir: ‚Ich weiß, dass du mit dieser Ungerechtigkeit nicht fertig wirst. Gib mir deinen ganzen Schmerz. Ich will ihn für dich tragen. Ich bin gekommen, um dein gebrochenes Herz zu heilen.'

Jesus will dich trösten, wie das sonst niemand kann. Und dann befasst er sich mit Norbert. Er macht das, indem er etwas tut, das uns Menschen sehr schwer fällt: Er unterscheidet zwischen dem, was Norbert dir angetan hat, und Norbert als Person. Jesus liebt Norbert, aber er hasst, was Norbert getan hat. Norbert hat all die Versuchungen ausgelebt, die Satan an ihn herangetragen hat. Aber Jesus ist gekommen, um die Werke des Teufels zu zerstören (1. Johannes 3,8). Deshalb streckt er seine Arme voller Gnade zu Norbert aus und sagt: ‚Komm zu mir. Bekenne die Sünde, die du gegen deine Frau und deine Kinder begangen hast. Gib sie mir. Ich habe dafür bezahlt. Ich bin gestorben, um dich davon zu befreien. Ich will dir meine Liebe und Gnade geben.'"

„Aber ich will gar nicht, dass er Gnade bekommt", unterbrach Birgit mich. „Ich will, dass er gerichtet wird."

„Augenblick", sagte ich. „Du willst also, dass Norbert gerichtet wird. Und was willst du für dich selbst von Gott haben, Gnade oder Gericht?"

„Für mich selbst? Ich ... ich ... ich möchte Gnade", stammelte sie.

„Du möchtest also nicht für das alles gerichtet werden, was du in deinem Leben verkehrt gemacht hast?"

„Nein", sagte sie langsam. „Aber alle sagen mir, dass ich diesem Drachen vergeben muss, und das kann ich nicht. Es wäre einfach nicht richtig. Er soll leiden für das, was er getan hat."

„Ja, da hast du absolut recht", antwortete ich. „Das muss er auch. Und du und ich ebenso. Wir sollten alle für das leiden, was wir getan haben. Es ist weder richtig noch gerecht, wenn wir das nicht tun müssen. Aber Gott hat in seiner großen Gnade uns gegenüber Jesus geschickt, damit er an unserer Stelle leidet. Er hat ihn geschickt, um für meine Sünde zu leiden und für deine und auch für Norberts Sünde."

„Aber ich kann ihm nicht vergeben. Was er getan hat, das ist zu schlimm, das kann man einfach nicht vergeben", schluchzte Birgit. „Das ist unmöglich."

Viele Leute fühlen sich in diesem Dilemma gefangen. Sie sind so tief verletzt worden, dass sie nicht vergeben können. Wenn man ihnen sagt, dass sie vergeben müssen, treibt man sie in eine Sackgasse ohne Ausweg und lädt ihnen obendrein noch Schuldgefühle auf.

Birgit hatte während des Seminars viele schmerzhafte Erinnerungen aus ihrer Ehe zu Jesus gebracht, damit er sie heilen konnte. Sie hatte sich für ihn geöffnet, damit er sie mit seiner Liebe, seiner Vergebung und seiner Gnade anfüllen konnte. Nun zeigte ich ihr die Schritte dazu, Norbert zu vergeben.

„Birgit", sagte ich, „Jesus hat gesagt, dass die Wahrheit uns frei machen wird. Du hast die Wahrheit gesagt: Du hast nicht die Vergebung in dir, die du brauchst, um Norbert zu vergeben. Du willst nicht einmal, dass ihm vergeben wird! Du weißt nicht, was es für dich bedeuten würde, ihm zu vergeben, oder wie du dich dann fühlen würdest. Wenn du ihm jetzt sagtest: ‚Ich vergebe dir', dann wären diese Worte für dich vollkommen leer und bedeutungslos, es wäre nur geheuchelt, nicht wahr?"

Birgit nickte zustimmend.

„Stell dir einmal vor, eins deiner Beine wäre nach einem Unfall durch eine Gehirnverletzung gelähmt. Dann müsste ein Physiotherapeut mit deinem Bein arbeiten und es bewegen, bis nahe gelegene Hirnzellen die Funktion der verletzten Zellen übernehmen. Erst dann könntest du dein Bein wieder selbständig bewegen. Wenn du nun dem Physiotherapeuten widersprichst und ihm sagst, es wäre Heuchelei, das Bein zu bewegen, bevor du es wieder von selbst bewegen kannst, dann würdest du für immer gelähmt bleiben. Wenn du wolltest, dass du je wieder selbst gehen kannst, müsstest du erlauben, dass der Physiotherapeut dein Bein bewegt, bis du es wieder selbstständig bewegen kannst.

Entsprechendes spielt sich in deinen Gefühlen ab. Du bist so oft und so tief verletzt worden, dass du wahrscheinlich nichts anderes mehr fühlen kannst als Schmerz. Für jede andere Regung sind deine Gefühle wie gelähmt. Auch nur an Vergebung zu denken, kommt dir wie Heuchelei vor. Aber du kannst anfangen, deine Gefühle von außen her in Bewegung zu bringen, indem du Worte der Vergebung ausprichst. Dann wird eines Tages die Lähmung verschwinden und du wirst wieder fühlen können.

Du hast die Wahrheit gesagt. Du kannst nicht vergeben und willst nicht einmal vergeben. Lass uns das jetzt Jesus sagen. Sage ihm: ‚Jesus, ich kann Norbert nicht vergeben. Ich möchte nicht einmal, dass er Gnade empfängt. Ich möchte, dass er zur Rechenschaft gezogen wird.‘"

Birgit zögerte einen Augenblick. Dann sagte sie langsam: „Ich kann seinen Namen nicht aussprechen. Ich habe ihn nun so lange ‚Drache‘ genannt, dass ich seinen Namen nicht sagen kann."

„Das musst du jetzt auch nicht", versicherte ich ihr. „Sage Jesus einfach: ‚Jesus, ich kann diesem Drachen nicht vergeben. Ich möchte nicht einmal, dass ihm vergeben wird. Ich will nicht, dass er Gnade empfängt. Ich möchte, dass er leidet.‘".

Birgit sprach diese Worte langsam nach.

„Aber Herr", leitete ich sie weiter, „ich habe dir meinen Schmerz gegeben. Du hast mir deine Vergebung und deine Gnade geschenkt, und ich entscheide mich jetzt dafür, die Muskeln meines Mundes aufzufordern, dass sie sich bewegen und sagen: ‚Ich entscheide mich jetzt dafür, die Vergebung und Gnade Jesu diesem Drachen zu geben, obwohl er es nicht verdient.‘ Jesus, ich kann keine Vergebung oder Gnade fühlen, und es kommt mir heuchlerisch vor, das überhaupt zu sagen, aber ich gebe jetzt deine Vergebung und Gnade diesem Drachen." Wieder sprach Birgit das Gebet nach.

Ich erklärte ihr nun, dass Gottes Wort ein öffentlich ausgerufenes, gesprochenes Wort ist. Als Gott die Welt erschuf, dachte er das nicht nur, er sprach es aus, und die Welt entstand aus dem Nichts.

„Ich bin ganz sicher", fuhr ich fort, „wenn ich neben Gott gestanden hätte, als er sein Wort aussprach, hätte ich mir gesagt: ‚Dieser Kerl ist verrückt. Da ist doch nichts. Woraus will er denn die Welt machen?‘ Aber als Gott sprach, erschien die Welt. ‚Gott ruft das, was nicht ist, dass es sei‘" (Römer 4,17 b).

„Herr Jesus", betete ich nun weiter, „du hast gesagt, dass du Dinge, die nicht sind, ins Dasein rufst. Birgit hat keine Gefühle der Vergebung, aber sie hat sich dafür entschieden, dies auszusprechen, dass sie diesem ‚Drachen‘ deine Vergebung und deine Gnade gibt.

Wirke du nun in ihr, dass sie das eines Tages auch gefühlsmäßig nachvollziehen kann. Ich weiß nicht, wie du das bewerkstelligen wirst, aber das ist deine Sache. Danke, dass du, weil du der Gott der Gnade und der Gott der Wunder bist, das auch tun wirst."

Birgit fühlte sich nicht irgendwie anders, als wir gebetet hatten, aber sie versprach, dass sie jeden Morgen und jeden Abend die Muskeln ihres Mundes auffordern würde, sich zu bewegen und zu sagen: „Im Namen Jesu entscheide ich mich dafür, auch wenn ich es nicht fühlen kann, diesem Drachen die Vergebung und Gnade Jesu zu geben." Sie schrieb sich dieses Gebet auf, damit sie es laut ablesen konnte, wenn sie es vergessen sollte.

Weil ich nur wenige Tage für dieses Seminar an jenem Ort war, hörte ich nichts mehr von Birgit und Norbert, bis wir fünf Jahre später wieder in die Gegend kamen. Zu unserer großen Freude erfuhren wir, dass Norberts Leben verwandelt und ihre Ehe heil geworden war. Birgit und Norbert waren jetzt beide aktive Mitglieder in ihrer Gemeinde.

Die Veränderung hatte begonnen, als Birgit sich entschlossen hatte, immer wieder zu sagen, dass sie die Vergebung und Gnade Gottes weitergeben wollte, obwohl sie das nicht fühlen konnte. Langsam, sehr, sehr langsam wandelte sich ihr Verhalten Norbert gegenüber von Verachtung zu Mitgefühl. Sie hörte auf, ihn „Drache" zu nennen, und fing wieder an, seinen richtigen Namen zu gebrauchen. Diese Veränderung beeindruckte Norbert so, dass er wissen wollte, was mit Birgit geschehen war, und schließlich öffnete er ebenfalls sein Leben für Jesus.

Viele Menschen fühlen sich unfähig, die vielen Verletzungen zu vergeben, die sie im Laufe ihres Lebens erlitten haben. Wer demütig diese Unfähigkeit eingesteht und sich an Jesus wendet, dem schenkt er die Gnade, seine Vergebung weiterzugeben.

Wunden, die zur Zwangsvorstellung werden

Manchmal dringen Verletzungen so kontinuierlich in unsere Gedanken und Empfindungen ein, dass sie zu Zwangsvorstellungen werden. Der Ehemann sagt dann vielleicht: „Ganz gleich, was ich sage, sie kann mir einfach nicht vergeben." Oder die Frau meint: „Wenn auch nur das Geringste daneben geht, endet das immer damit, dass er die ganze Vergangenheit hervorzerrt."

Albert und Claudia

Dreißig Jahre lang hatte man Albert und Claudia in ihrer Gemeinde als ideales Ehepaar angesehen. Albert hatte eine hohe Stellung in der Geschäftsleitung seiner Firma, aber die Abende verbrachte er treu zu Hause bei Claudia und ihren vier Kindern. Er ging regelmäßig zum Gottesdienst, nahm sich Zeit für die Schulaktivitäten der Kinder und war freundlich und aufmerksam zu Claudia.

Beide waren seit ihrer Kindheit zur Kirche gegangen, aber erst vor fünf Jahren hatten sie Jesus als ihren Retter angenommen. Doch nun steckte Claudia in einer tiefen Depression. Obwohl sie schon seit Monaten Medikamente nahm, trat keine Besserung ein.

Nun saß sie in meinem Sprechzimmer und erzählte, was der Auslöser dafür gewesen war. Vor etwa einem Jahr hatte Albert sie eines Tages gebeten, mit ihm zu einem Gespräch bei ihrem Pastor zu gehen. Als sie dann dort zusammen saßen, machte er ihr ein schwer wiegendes und völlig unerwartetes Geständnis. Gott hatte ihm gezeigt, dass er über einige Dinge in seiner Vergangenheit offen reden sollte, um davon wirklich befreit zu werden. Nun bekannte er Claudia, dass er bis zu seiner Bekehrung viele Affären mit anderen Frauen gehabt hatte. Er hatte das geheim halten können, weil er eine so hohe Position in seiner Firma hatte und deshalb sein Büro jederzeit für „Geschäftstreffen" verlassen konnte, ohne darüber Rechenschaft ablegen zu müssen.

„Das hat bei uns jeder so gemacht", hatte er gesagt. „Sie hätten wahrscheinlich gedacht, ich wäre nicht ganz normal, wenn ich das nicht auch getan hätte."

Nach seiner Bekehrung hatte Albert diesen Lebensstil aufgegeben, aber in letzter Zeit hatten ihn immer wieder massive Versuchungen geplagt. Er vertraute darauf, dass er davon befreit würde, wenn er seine Vergangenheit offen darlegte.

Für Claudia brach ihre ganze Welt zusammen. Sie fragte Albert nach immer mehr Details, weil sie sicher sein wollte, dass er nicht noch mehr vor ihr verbarg. Sie achtete auf Ausflüchte und Widersprüche. Die immer neuen Einzelheiten, die sie erfuhr, fügten sich in ihrer Vorstellung wie zu Videos zusammen, die sich immer wieder vor ihren inneren Augen abspielten. Sie fühlte sich überwältigt von Alberts unvorstellbarem Betrug, und der Schmerz wurde unerträglich. Albert war sehr verständnisvoll und verließ oft sein Büro, um ihr beizustehen, sie zu trösten und ihr zu versichern, dass alles vorüber war. Er weinte mit ihr über den Schmerz, den er ihr zugefügt hatte.

Nach dem ersten Schock glitt Claudia in eine so tiefe Depression, dass sie kaum noch aus dem Bett aufstehen konnte. Schließlich suchten sie zusammen einen Therapeuten auf. Der sagte, er sei beeindruckt davon, dass Albert reif genug gewesen war, alles zu bekennen, was er getan hatte. Doch Claudia sei offensichtlich nicht reif genug, mit seinen Bekenntnissen umzugehen. Das war für Claudia verständlicherweise keine große Hilfe.

„Was erwartet er von mir?", schrie sie, als sie mir davon erzählte. „Soll ich meinen Schmerz einfach hinunterschlucken und ihn nicht fühlen? Meint er, ich sollte mich all diese Jahre meiner Ehe hindurch betrügen lassen und dann so ‚reif' sein, dass mir das nichts ausmacht? Merkt er gar nicht, was das alles für mich bedeutet und was mir das angetan hat?"

„Natürlich tut dir das weh", tröstete ich sie. „Und der Schmerz verschwindet nicht, wenn du so tust, als wäre nichts gewesen. Schmerz zu empfinden ist auch kein Mangel an Reife. Du als Frau kannst nicht einfach über Alberts Betrug hinweggehen. Für dich sind dadurch all die Jahre eurer Beziehung zerstört. Wenn du Albert nicht geliebt hättest, dann hätte dich das nicht weiter getroffen. Aber du hast ihn geliebt und liebst ihn immer noch, und deshalb hat dir das so unerträglichen Schmerz zugefügt.

Außerdem hast du einen schrecklichen Verlust erlitten: Du hast deine Vorstellung von einer glücklichen Ehe verloren, von einem Ehemann, der sich von so vielen anderen Männern unterschied, der dir immer treu war und dem du vollkommen vertrauen konntest. Du hast das gute Gefühl verloren, dass man euch beide in eurer Gemeinde immer als leuchtendes Vorbild angesehen hat. Es ist umgeschlagen in Schmach und Scham, weil du und alle anderen betrogen worden sind. Du brauchst Zeit und Raum, um alle diese Verluste zu betrauern. Zu den Phasen der Trauer gehören Weinen und Wut, die

Frage, wie man all das Schlimme wieder richtig machen kann, und auch tiefe Niedergeschlagenheit. Hast du das so erlebt?"

„Ja", antwortete sie. „Ich bin so wütend auf Albert und seine Firma und diese Frauen gewesen, dass ich mir überlegt habe, wie ich ihnen das, was sie mir angetan haben, heimzahlen könnte. Und dann habe ich mich für diese Gedanken furchtbar schuldig gefühlt. Eine Zeit lang habe ich auch daran gedacht, mich scheiden zu lassen. Aber dann habe ich gemerkt, dass ich Albert immer noch liebe und ihn nicht verlieren will. Nichts hat geholfen, der Schmerz ist immer noch da. Alles, was ich nun fühle, ist Traurigkeit. Und dann sagen sie mir, dass ich als Kind Gottes nicht depressiv sein darf, und obendrein noch, dass mir das alles nur so weh tut, weil ich nicht reif genug bin."

„Das schmerzt fürchterlich, nicht wahr? Und dann laufen immer wieder diese Videos vor deinen Augen ab, ist es nicht so?"

„Ja, das ist das Schlimmste von allem", rief sie aus. „Ich erlebe, was er mir gesagt hat, immer wieder von vorne. Ich werde diese Bilder einfach nicht los."

„Es ist fast eine Zwangsvorstellung geworden, nicht wahr?"

„Ja, das ist es! Ich versuche wirklich, an etwas anderes zu denken, aber diese Bilder sind immer da, und niemand scheint das zu verstehen."

„Claudia", sagte ich zu ihr, „Jesus versteht, wie du leidest, er versteht deine Qual und deine abgrundtiefe Traurigkeit. Er weint mit dir, genauso, wie er mit Maria und Martha zusammen weinte, als ihr Bruder Lazarus gestorben war. Als er bei ihnen eintraf, waren sie gerade in der Phase der Trauer, wo man weint und wütend ist. Sie beschuldigten ihn gerade heraus dafür, dass ihr Bruder gestorben war: ,Wenn du hier gewesen wärest, Jesus, dann wäre er nicht gestorben.' Als seine tröstenden Worte über die Auferstehung nicht zu ihnen hindurchdrangen, schimpfte er sie nicht aus. Er sagte ihnen auch nicht, sie müssten jetzt Reife zeigen. Stattdessen ließ er sich auf ihren Schmerz ein und weinte mit ihnen. Und was er dann machte, könnte man so beschreiben, dass er ihrem Video ein neues Ende hinzufügte: Er erweckte ihren Bruder wieder zum Leben.

Jesus schimpft auch nicht mit dir. Er weint mit dir. Er versteht dich. Er ist gekommen, um dein gebrochenes Herz zu heilen. Und er möchte den quälenden Videos in deinem Kopf ein neues Ende hinzufügen."

Zusammen baten wir Jesus nun, zu Claudia in das Sprechzimmer ihres Pastors zu kommen, wo sie zum ersten Mal Alberts Bekenntnisse gehört hatte.

„Claudia", sagte ich ihr, „erzähle Jesus, was durch deinen Kopf geht, wenn du diese Situation wieder vor dir siehst."

„Ich sehe mich, wie ich da sitze. Der Pastor und Albert sehen ernst und besorgt aus", fing Claudia an. Und dann erzählte sie Jesus alles, was passiert war, und wie schockiert sie gewesen war.

Dann leitete ich sie weiter in ihrem Gebet. „Sage zu Jesus: ‚Herr Jesus, ich werde mit dieser Erinnerung einfach nicht fertig. In deinem Namen nehme ich jetzt den Fußboden von diesem Sprechzimmer auf, rolle ihn auf und falte ihn zusammen. Dann zerstampfe ich ihn zu Asche. Jesus, bitte halte jetzt einen großen Sack für mich bereit. Ich schaufele diese ganze Asche in diesen Sack."

„Schau dich in deiner Vorstellung in diesem Zimmer um, Claudia. Findest du noch irgendetwas, das du in den Sack werfen möchtest, bevor wir ihn zubinden?"

„Nein", sagte sie. „Es ist ganz leer."

Da banden wir den Sack zu, baten Jesus, ihn mit an sein Kreuz zu nehmen und dann etwas Schönes in dieses Zimmer zu bringen, damit dies vor Claudias Augen erschien, wenn sie sich an jenes Zimmer erinnerte. In ihrem Video kam Jesus nun in diesen Raum, nahm sie in seine Arme, trocknete ihre Tränen ab, nahm Albert in den anderen Arm und brachte sie wieder zusammen.

„Wenn du nun an dieses Zimmer denkst, Claudia, was fühlst du dann?", fragte ich sie, als wir unser Gebet beendet hatten.

„Oh", sagte Claudia erleichtert, „das Schlimme ist weg. Ich sehe nur Jesus, wie er uns in seinen Armen hält."

„Bleibe in deiner Vorstellung dort in den Armen von Jesus, bis du nächstes Mal zu mir kommst. Immer, wenn du an irgendetwas anderes denkst, was passiert ist, dann versetze dich in Gedanken sofort in dieses Sprechzimmer zurück, wo ihr beide, du und Albert, in den Armen Jesu seid."

Als Claudia mich an diesem Tag verließ, fühlte sie sich sehr erleichtert. Trotzdem hatte sie noch einen langen Weg vor sich, denn noch war ihr zwanghaftes Denken nicht durchbrochen. Was Albert getan hatte, wirkte weiter in jede Handlung und jedes ihrer Gespräche hinein.

Claudia hatte oft gebetet: „Oh, Gott, bitte hol mich da heraus. Bitte, tu etwas für mich." Aber es hatte sich nichts verändert. Immer wieder hatte sie krampfhaft versucht, an etwas anderes zu denken. Aber ihre zwanghaften Vorstellungen waren viel zu stark gewesen.

„In der Vergangenheit hat Satan in Albert gewirkt, um eure Ehe zu zerstören", erklärte ich ihr, als sie wieder bei mir war. „Doch Albert ist ihm durch die Kraft Jesu entkommen. Nun versucht Satan, eure Ehe zu zerstören, indem er dich daran gebunden hält, Alberts Verfehlungen zwanghaft immer wieder zu erleben. Er möchte, dass Alberts Vergangenheit für alle Ewigkeit deine und eure Gegenwart vergiftet. Auch du kannst dem nur durch die Kraft Jesu entkommen.

Fang an, darauf zu achten, in welche Richtung deine Gedanken gehen. Wenn du merkst, dass sich am Rand deiner Wahrnehmung etwas einschleichen will, versuche, es zu identifizieren. Und sobald du merkst, dass da wieder eins der alten Videos abzulaufen beginnt über das, was Albert getan hat, gebiete dem Einhalt. Weil du Jesus gehörst, hast du das Recht und die Vollmacht zu sagen: ‚Ich weigere mich, dieses Video anzuschauen. Ich gehöre Jesus, und ich habe das Recht und die Kraft, all dieses Durcheinander der Vergangenheit loszulassen. Danke, Herr Jesus, dass du mich frei machst und ich deshalb in einen neuen Abschnitt unserer Ehe hineingehen kann.‘"

Wenn sie den zerstörerischen Gedanken und Videos nur fünf Minuten nachgab, so erklärte ich Claudia, würde sie diese fünf Minuten anschließend wieder zurückerobern müssen. Es war wichtig für sie, möglichst schnell zu erkennen, ob ihre Gedanken und Vorstellungen wieder in die alte Richtung gingen, und sie dann sofort zu bekämpfen: Erstens, indem sie sich weigerte, ihnen Raum zu geben. Und zweitens, indem sie ihre Gedanken auf das Schöne richtete, das Jesus ihr anstelle des Schlimmen gegeben hatte. Es war ihr durch das Blut Jesu erkauftes Recht, darin zu leben.

Es war ein schwerer Kampf für Claudia, und manchmal ertappte sie sich dabei, wie sie wieder die alten Videos ablaufen ließ. „Aber ich weiß jetzt", sagte sie mir, „dass ich durch eine Phase der Trauer gehe und fühlen darf, was ich fühle. Und wenn ich anfange, in meiner

Vorstellung alles von vorne zu erleben, weiß ich, wie ich dagegen angehen kann. Ich habe sonst immer versucht, diese Gedanken zu unterdrücken. Jetzt weiß ich, dass ich den Bildern in meinem Kopf ins Gesicht sehen muss. Wenn sie mich quälen, dann gebe ich Jesus meinen Schmerz. Und ich kämpfe gegen den Teufel, der versucht, die Vergangenheit in mir lebendig zu erhalten und mir meine Freiheit zu rauben."

Der Durchbruch kam an einem Abend, als Albert ein paar beiläufige Bemerkungen machte, die Claudia früher mit beißenden Anspielungen auf das, was er getan hatte, kommentiert hätte. „Ich wollte diesen Satz aussprechen, aber ich konnte mich noch fangen. Ich merkte, dass ich die Wahl hatte: Wollte ich das sagen und damit unseren Abend verderben und uns beiden ein elendes Gefühl geben, oder wollte ich diese gemeine Bemerkung, die mir auf der Zunge lag, aus meinem Kopf hinauswerfen und irgendetwas Freundliches sagen. Ich wählte das Letztere. Albert merkte es und dankte mir, dass ich mich so sehr verändert habe. Mir ist klar, dass ich noch immer auf der Hut sein muss, aber nun weiß ich, was ich tun muss, wenn diese Gedanken kommen."

Claudias Schmerz war so tief gewesen, dass er beinahe ihr ganzes Leben zerstört hätte. Auch als sie ihren Verlust betrauert und ihren Schmerz Jesus gebracht hatte, fesselten sie ihre zwanghaften Gedanken und Videos an Alberts Verfehlungen. Wenn Jesus sie nicht davon befreit hätte, wäre Alberts Vergangenheit für sie vielleicht so zur Besessenheit geworden, dass sie selbst ihre Ehe zerstört hätte. Sie musste ihr Recht in Anspruch nehmen, die Vergangenheit hinter sich zu lassen, und mit Jesus vorwärts in den nächsten Abschnitt ihrer Ehe zu gehen.

Die verschiedenen Abschnitte in der Ehe und die Krisen, durch die man beim Übergang von einer Phase zur anderen gehen kann, werden wir uns im nächsten Kapitel näher ansehen.

Kapitel 4
Lebensabschnitte

In jeder Ehe gibt es hin und wieder Krisen. Die meisten Paare ahnen jedoch nichts davon, wenn sie heiraten. Sie sind verliebt und voneinander bezaubert und erwarten, wie im Märchen bis zu ihrem Ende glücklich zusammen zu leben. Aber die meisten Märchen enden mit der Hochzeit, sie erzählen nichts von den Schwierigkeiten, die später auftauchen.

Viele junge Frauen erwarten, wenn sie heiraten, dass ihr Mann sich ändert – in ihrem Sinne natürlich. Aber er ändert sich nicht. Viele Männer wünschen sich bei ihrer Hochzeit, dass ihre Frau sich nie ändert. Aber sie ändert sich.

Vielleicht merken beide schon nach dem ersten halben Jahr, dass ihre Vorstellungen nicht in Erfüllung gehen. Und innerhalb von zwei Jahren oder wenn das erste Baby ankommt, werden sie wahrscheinlich ihre erste Krise erleben. Dann ist die Ehe kein Märchen mehr, die Realität wird sichtbar und sie treten in eine neue Phase ihrer Beziehung ein.

Drei der Ehepaare, von denen ich in den ersten Kapiteln erzählte, waren am Übergang von einem Stadium ihrer Ehe zum nächsten und gerieten dabei in eine Krise. Ben und Jana hatten die Flitterwochen hinter sich gelassen und standen nun vor der langen Wegstrecke des Zusammenlebens. Lisa und Georg, deren Zeit der ungestörten Zweisamkeit vorüber war, mussten den Übergang zum Leben mit Kindern meistern, und ihre Beziehung geriet aus dem Lot. Norbert und Birgit im dritten Kapitel hatten ihre Kinder aufgezogen und lebten nun wieder nur zu zweit.

Wir alle durchschreiten in unserem Leben von der Geburt bis zum Alter bestimmte Entwicklungsphasen. Erik Erikson fand heraus, dass es in jeder Phase besondere Höhepunkte gibt und auch bestimmte Schwierigkeiten, und dass spezifische Fähigkeiten zur Vorbereitung auf das nächste Stadium erlernt werden müssen. Am Übergang von einer Phase zur nächsten geraten wir leicht in Krisen.

Auch in der Ehe ist das so. Wie wir diese Übergänge meistern, hat großen Einfluss darauf, ob unsere Ehe gelingt.

Lebensphasen und Krisen

Das menschliche Leben kann grob in Abschnitte von zehn Jahren eingeteilt werden, wobei es natürlich individuelle Unterschiede gibt. Wie wir schon feststellten, entstehen die Krisen unseres Lebens häufig in der Übergangszeit von einer Lebensphase zur nächsten.

Warum das so ist, will ich am Beispiel eines Trapezkünstlers erklären. Bei seinen Kunststücken hoch über der Manege lässt der Artist seine Schaukel los und fliegt durch die Luft, um vom Fänger am zweiten Trapez aufgefangen zu werden. Er muss darauf vertrauen, dass sein Partner rechtzeitig seine ausgestreckten Hände ergreift und ihn festhält. Wenn der Artist sich nicht traut, loszulassen, schwingt er an seinem Trapez nur weiter vor und zurück und kann seine Vorführung nicht zu Ende bringen. Wenn er sein Trapez zu früh oder zu spät loslässt, verfehlt er den Fänger, fällt zu Boden und verunglückt.

Ähnliches gilt für die Übergangsphasen unseres Lebens. Wir müssen trotz unserer Zweifel, ob wir mit dem Neuen umgehen können, die Sicherheit des vertrauten Lebensabschnittes verlassen, in dem wir es uns bequem gemacht haben, und in das nächste Stadium eintreten, in dem viel Unvorhersehbares und Unbekanntes auf uns zukommt. Aber wenn wir mit Gott unterwegs sind, können wir darauf vertrauen, dass er in der neuen Lebensphase auf uns wartet und uns auffängt.

In diesem Trapezakt des Lebens können traumatische Erlebnisse solchen emotionalen Schmerz verursachen, dass ein Bereich der seelischen Entwicklung zum Stillstand kommt, obwohl man auf anderen Gebieten weiter wächst und sich entwickelt. Störungen können aber auch dann entstehen, wenn jemand versucht oder dazu gedrängt wird, eine Stufe auszulassen oder sie zu schnell zu durchschreiten. Denn wer nicht genug Zeit hat, sich den Aufgaben, Freuden und Sorgen seiner Lebensphase zu stellen, ist nicht ausreichend auf die nächste Stufe vorbereitet. Das hat dann auch Auswirkungen auf seine Ehe.

Das erste Lebensjahrzehnt (0-9 Jahre)

Über diese Jahre haben viele Psychologen eine Menge Bücher verfasst. Jeder hat diese Jahre von der Geburt bis zum Erreichen des Jugendalters gemäß seiner eigenen Theorie in bestimmte Abschnitte und Unterabschnitte geteilt. Hier soll es ausreichen, festzustellen, dass wir alle, Mädchen und Jungen, in diesen zehn Jahren bestimmte grundlegende Bedürfnisse haben.

1. Um ein Gefühl dafür entwickeln zu können, dass die Welt im Allgemeinen und die Menschen um uns herum vertrauenswürdig sind, brauchen wir es, gut versorgt zu werden.
2. Wir müssen erleben, dass das, was wir denken, fühlen und begreifen, zwar nicht immer fehlerlos ist, aber doch beachtenswert und wichtig. Deshalb wird es gehört, respektiert und in Betracht gezogen. So können wir lernen, auch das, was andere denken, fühlen und begreifen, zu respektieren und in Betracht zu ziehen.
3. Wir müssen erleben, dass nicht alle unsere Wünsche erfüllt werden können, und begreifen, dass wir Entscheidungen treffen müssen, die unausweichliche Konsequenzen haben – entweder gute oder schlechte.

Damit das geschehen kann, muss ein Kind während dieser ersten zehn Jahre die Möglichkeit haben, wirklich ein Kind zu sein. Es darf nicht in die Rolle, die Aufgaben und die Verantwortung eines Erwachsenen gezwungen werden. Das bedeutet, dass seine Eltern sich wirklich wie Erwachsene verhalten müssen, dass sie nicht unbewusst in der Rolle eines Kindes verharren dürfen.

Lucy

Lucy war emotional in der ersten Entwicklungsstufe ihres Lebens stecken geblieben. Sie fühlte sich wie ein kleines, vier Jahre altes Mädchen, das in einer kalten, dunklen Höhle gefangen war, die keinen Ausgang hatte. Kein Wunder, dass es für sie eine schreckliche Überforderung war, Ehefrau und Mutter zu sein. Lucys früheste Erinnerungen handelten von dem Terror, den ihr betrunkener Vater verbreitete, wenn er nach Hause kam, wie er ihre Mutter schlug und sie schließlich sogar erstach, und wie sie als kleines Mädchen verzweifelt versucht hatte, ihre Eltern auseinander zu halten. Wir baten Jesus, in ihre Erinnerungen zu kommen und sie zum Kreuz zu tragen. Wir baten ihn, die Verantwortung für ihren Vater zu übernehmen, ihre Mutter zu schützen und die verlorene kleine Lucy in seine Arme zu nehmen, sie zu wärmen und ihr gebrochenes, verängstigtes kleines Herz zu trösten. Dort, im Schutz seiner Arme, war das kleine Mädchen sicher, dort konnte es heranwachsen und schließlich Teil der erwachsenen Lucy werden.

Maria

Auch Maria hatte das Gefühl, als kleines vierjähriges Mädchen in einer kalten, ausweglosen Höhle gefangen zu sein. Aber sie hatte keine Erinnerungen an irgendwelche Misshandlungen. Doch ihr Wesen hatte sich schon früh in jeder Beziehung stark von dem ihrer beiden Schwestern unterschieden, von denen die eine älter, die andere jünger war als sie. Weil beide Eltern arbeiteten und in ihrer Familie nur wenig Liebe gezeigt wurde, fühlte Maria sich zurückgewiesen, ausgegrenzt und missverstanden. Es gab niemanden, der Partei für sie ergriff oder sie verteidigte. Sie fühlte sich verlassen und allein und suchte immer nach einer Ersatzmutter, die sie verstand und akzeptierte. So geriet sie in viele ungesunde Beziehungen zu Frauen.

Als wir das kleine Mädchen entdeckten, baten wir Jesus, in diese Höhle hineinzugehen, die kleine Maria in seine Arme zu nehmen und sie hinaus ins Sonnenlicht zu bringen. Dort konnte sie emotional wachsen und die verschiedenen Entwicklungsstufen durchlaufen, bis sie schließlich Teil der dreißigjährigen Maria wurde. Erst dann wurde sie fähig, eine Beziehung zu jemandem vom anderen Geschlecht aufzunehmen.

Das zweite Lebensjahrzehnt (10-19 Jahre)

Über diesen zweiten Zehnjahresabschnitt sind noch viel mehr Bücher geschrieben worden, besonders über die Jahre von zehn bis fünfzehn – die Zeit des Heranwachsens. In diesen Jahren findet der

Übergang von der Kindheit zum Erwachsenenalter statt. Wir müssen herausfinden, wer wir als Persönlichkeit sind und wie wir uns als Einzelne in der Beziehung zu anderen – zu unseren Eltern, den Gleichaltrigen und dem anderen Geschlecht – verhalten können. Dies ist die Zeit, in der man lernt, erwachsen zu werden. Welche Folgen es haben kann, wenn jemand diesen Entwicklungsabschnitt nicht in Ruhe abschließen kann, zeigte sich bei Tim und Jochen. Tim versuchte verzweifelt nachzuholen, was er versäumt hatte, und Jochen schaffte den Übergang in die nächste Lebensstufe nicht.

Tim

Tim hatte schon zwei Ehen hinter sich, zweimal hatte er mit einer Frau unverheiratet zusammengelebt, und nun steuerte seine dritte Ehe auch auf eine Scheidung zu. Obwohl er überzeugter Christ war, hatte sich nichts verändert an seinem Trinkverhalten und seiner Sucht, von einer Party zur nächsten zu ziehen.

„Wenn meine Frau wirklich eine gute Christin wäre und mich liebte, wie sie behauptet", erklärte er, „dann würde sie mich akzeptieren, wie ich bin. Ich will meinen Spaß haben, und sie soll aufhören mit ihren Versuchen, mich zu verändern. Es hat mich viel Mühe gekostet, so weit zu kommen, wie ich bin, und nun ist es mein Recht, Spaß zu haben. Entweder akzeptiert sie mich, wie ich bin, oder sie geht. Ich will mich nicht ändern und ich werde mich nicht ändern!"

Tim war auf einer abgelegenen Farm hoch in den Bergen aufgewachsen, wo sich alles um Arbeit, Arbeit und noch mehr Arbeit drehte. Sein Vater war recht freundlich, aber er war meist nicht zu Hause, denn in seinem Zusatzjob, mit dem er das Familieneinkommen aufbesserte, war er weit von der Farm entfernt, und deshalb konnte er der Zwanghaftigkeit seiner Frau kaum entgegentreten. Bei Tims Mutter gab es keine Zeit zum Spielen. Jeder Augenblick an jedem Tag in jeder Woche musste gearbeitet werden. Nun, wo Tim diesem Druck entkommen war, wollte er spielen und seinen Spaß haben.

„Wie alt fühlst du dich, wenn du wegrennst, um dich zu amüsieren?", fragte ich Tim.

Er besann sich einen Augenblick und antwortete dann: „So zwischen neun und zehn."

„Was ist passiert, als du so alt warst?"

Tim erinnerte sich, wie er da einmal von einem Baum gefallen und sich dabei seinen Arm übel verletzt hatte. Statt ihm zu helfen und ihn zu versorgen, hatte seine Mutter ihn nur ausgeschimpft. Wenn er, wie er sollte, gearbeitet hätte, statt herum zu spielen, dann wäre er nicht gefallen, hatte sie ihm vorgeworfen. Tim fing an zu schluchzen, als er seine Geschichte weiter erzählte.

„Am nächsten Morgen war mein Arm so steif und tat so weh, dass ich ihn kaum bewegen konnte. Ich dachte, diesmal würde sie mir glauben und mir erlauben, im Bett zu bleiben. Aber stattdessen sagte sie, ich sollte aufhören, mich über Kleinigkeiten zu beklagen, dass ich nur faul wäre und nicht arbeiten wolle. Sie kannte keine Gnade."

Als Tim vierzehn war, rannte er von zu Hause weg und schlug sich von da an selbst durchs Leben. „Nun, wo ich es zu etwas gebracht habe, habe ich das Recht, zu spielen und mich zu amüsieren. Und meine Frau soll aufhören, an mir herum zu meckern."

Wir brachten den neunjährigen Jungen zu Jesus, damit er ihn heilen, vor seiner Mutter beschützen und ihm die Zeit zum Spielen geben konnte, die jedes Kind braucht. So konnte er sich entwickeln und schließlich ein Teil von dem erwachsenen Tim werden.

Jochen

Jochen war neunundzwanzig und hatte noch nie eine Freundin gehabt. Er fand Mädchen eklig, einfach nur „igitt". Bei unseren Gesprächen entdeckte er, dass er sich oft wie ein Junge von ungefähr acht Jahren fühlte.

„Was ist geschehen, als du so alt warst?", fragte ich.

Nach einigem Besinnen wurde Jochen klar, dass da sein Vater eines Nachts betrunken nach Hause gekommen war und ihn für etwas verdroschen hatte, was er gar nicht getan hatte. Wir brachten diese schreckliche Erinnerung zu Jesus und baten ihn, den Achtjährigen vor seinem betrunkenen Vater zu beschützen.

Einige Wochen später erzählte Jochen mir von einem jungen Mädchen, mit dem er sich gerne treffen würde. „Aber wie soll ich sie ansprechen?", fragte er. „Ich habe nicht die geringste Idee, wie ich ein Mädchen bitten kann, sich mit mir zu treffen."

„Hm", dachte ich bei mir, „das klingt sehr nach meinem Sohn, als er vierzehn war."

Nach mehreren Wochen, in denen er weitere schmerzhafte Erinnerungen zu Jesus gebracht hatte, sagte Jochen mir, dass er zu jenem Mädchen nun eine feste Beziehung habe. Aber noch konnte er sich nicht vorstellen, sie zu heiraten. Er würde niemals solch eine Verantwortung übernehmen! Das wäre viel zu beängstigend. Als ich ihn fragte, wie alt nach seinem Empfinden der kleine Junge nun geworden sei, meinte er, etwa siebzehn – also alt genug, um eine feste Freundin zu haben, aber noch nicht reif für eine Ehe. So weit hatten sich innerhalb von sieben Monaten seine Gefühle von denen eines Achtjährigen entwickelt.

Zu dieser Zeit zog Jochen in eine andere Stadt und die Therapie endete. Einige Jahre später erfuhr ich, dass er kurz darauf die Beziehung zu jenem Mädchen abgebrochen, aber einige Zeit später eine andere Frau geheiratet hatte und nun Vater von zwei Kindern war. Wie schwer wäre es für den Achtjährigen gewesen, mit der Verantwortung eines Ehemannes und Vaters zurecht zu kommen!

Das dritte Lebensjahrzehnt (20-29 Jahre)

Dies sind die Jahre, in denen man versucht, sein eigenes Leben aufzubauen und wo man weit reichende, lebensbestimmende Entscheidungen treffen muss. In dieser Zeit wird uns bewusst, wie wir in die Gesellschaft, unser Land und die Welt eingebunden sind. Es ist die Zeit hoher Ideale: Wir, in unserer Generation, werden alle Probleme der Welt lösen, das Falsche richtig machen und die Irrtümer aller Generationen vor uns korrigieren. In diesen Jahren setzen sich junge Erwachsene ihre Lebensziele, wählen einen Beruf, suchen einen Lebenspartner und schlagen die Richtung ein, in der sie ihr Leben gestalten wollen.

Jens und Marlies

Jens und Marlies hatten sich während ihres Studiums der Hippiebewegung angeschlossen. Das Leben erschien ihnen schön und ohne Sorgen, und mit Marihuana konnte man alles noch schöner machen.

Sie wanderten von einem Job zum nächsten, kauften sich irgendwann ein Boot und segelten von Hafen zu Hafen. Sie gingen, wohin sie wollten und erfüllten sich alle ihre Wünsche. Irgendwo im Ausland adoptierten sie ein kleines Mädchen und bekamen später noch zwei eigene Mädchen. Nun waren die drei Kinder in der Pubertät. Sie wurden rebellisch, weil sie es leid waren, auf engstem Raum zusammen zu leben, von Ort zu Ort zu ziehen und nur von ihren Eltern unterrichtet zu werden – sie wollten Freunde haben, sie wollten ein anderes Leben.

Jens' und Marlies' Ehe war zuerst ein großes Abenteuer, das beide genossen. Aber nun dachte Marlies darüber nach, Jens zu verlassen.

„Ich mache das nicht mehr mit", beklagte sie sich. „Er überlässt alles mir. Die Kinder haben Probleme und er tut nichts. Ich will, dass er Verantwortung übernimmt."

„Ich weiß überhaupt nicht, was sie von mir erwartet", konterte Jens. „Wir haben unseren Kindern so viel geboten. Wir haben sie überall hin mitgenommen, sie haben so viel gesehen. Sie sollten zufrieden sein! Ich kann es nicht ändern, wenn sie das nicht sind. Was soll ich denn noch tun?"

„Ich will einfach, dass er seine Verantwortung übernimmt", wiederholte Marlies. „Es hat sich gebessert, seit wir Christen geworden sind, aber er hat noch immer diese großen Rosinen im Kopf, aus denen nie etwas wird. Ich bin es so leid, arm zu sein, immer unterwegs und nichts zu haben. Alles muss ich alleine machen. Ich muss sogar abends kontrollieren, ob alle Türen zugeschlossen sind. Bei mir zu Hause hat das mein Vater immer gemacht. Aber Jens tut nicht einmal das. Ich möchte ein anderes Leben! Aber ich kann nichts erreichen, bevor nicht auch er seine Verantwortung übernimmt."

Seit ihrer Kindheit hatten Jens und Marlies Probleme meist dadurch gelöst, dass sie ihnen aus dem Weg gingen und jemand anderen die Verantwortung dafür übernehmen ließen. Doch nun konnten sie den Schwierigkeiten mit ihren drei Kindern nicht mehr einfach davonlaufen. Beide mussten ihre Vergangenheit anschauen und die Probleme ihrer Kindheit und Jugend bearbeiten, aus denen sie sich ausgeklinkt hatten, indem sie sich aus der Gesellschaft ausgeklinkt hatten. Erst dann konnten sie ihre Verantwortung als Eltern übernehmen.

Jörg und Julia

Jörg und Julia hatten es immer eilig gehabt, ihren gegenwärtigen Lebensabschnitt hinter sich zu bringen und in den nächsten zu kommen. Jörg war sechzehn und Julia siebzehn, als sie schwanger wurde. Weil sie sich gegenseitig sehr liebten, beschlossen sie, zu heiraten und mit der Hilfe ihrer Eltern ihr eigenes Heim zu gründen. Beide machten ihren Schulabschluss und suchten sich eine Arbeit. Nun, drei Jahre später, hatten sie zwei Kinder und mit ihrer Ehe ging es steil bergab.

„Jörg ist abends nie zu Hause. Es fing mit einem Abend in der Woche an und nun ist er drei oder vier Abende weg. Ich sehe ihn fast nicht mehr."

Jörg beklagte sich, Julia verdächtigte ihn, sich mit einer anderen Frau zu treffen. „Ich treffe mich mit niemandem", erklärte er kategorisch. „Ich bin nur mit ein paar alten Schulfreunden zusammen, und dann hängen wir ab oder unternehmen irgendetwas. Wieso darf ich keine Freunde haben?"

„Ich gönne ihm seine Freunde", erklärte Julia. „Aber er vernachlässigt seine Aufgaben zu Hause. Er spielt kaum noch mit den Kindern und ist einfach nicht für uns da. Manchmal denke ich, er wäre am liebsten nicht mehr verheiratet. Immer hängt er mit seinen Freunden zusammen."

Jörg und Julia hätten als Jugendliche Zeit gebraucht, um mit ihren Freunden zusammen zu sein. Weil sie so früh die Verantwortung für eine Familie übernehmen mussten, konnten sie beide nicht den Spaß erleben und auch nicht die Lektionen lernen, die in jener Zeit angestanden hätten. Doch jetzt in diesen Lebensabschnitt zurück zu kehren, wäre das Ende ihrer Ehe gewesen.

Sie mussten sich über die Verluste klar werden, die ihre Fehlentscheidungen mit sich gebracht hatten, und mussten sie betrauern. Und dann mussten sie zusammen überlegen, wie sie neben ihrer Verantwortung als Eltern für beide Freiräume schaffen konnten, wo sie manchmal allein sein oder sich mit alten Freunden treffen konnten, oder wo sie als Ehepaar ohne ihre Kinder zusammen sein konnten.

Das vierte Lebensjahrzehnt (30-39 Jahre)

Nun kommt eine gewisse Routine ins Leben. Für die meisten Paare sind die Flitterwochen vorüber, sie bauen ihr Nest, die Kinder kommen an und brauchen ihre Zeit, ihre Kräfte und ihr Geld. Der Mann versucht, beruflich voran zu kommen, seine Ziele zu erreichen und einen gewissen Lebensstandard zu sichern. Die Frau verliert sich im Einerlei der täglichen Pflichten und der Sorge für die Kinder und fühlt sich häufig von ihrem Mann vernachlässigt. Die Ehepartner sind so damit beschäftigt, die Dinge in Gang zu halten, dass ihnen kaum noch bewusst ist, was sie aneinander haben, und dass sie nicht merken, wie die Jahre vorüberfliegen.

Jürgen und Marina

Jürgen konnte nicht verstehen, warum Marina nichts mehr mit ihm zu tun haben und ihn verlassen wollte. Hatte er nicht um ihretwillen versucht, beruflich voran zu kommen? Hatte er nicht vom frühen Morgen bis spät in die Nacht gearbeitet, um ein geräumiges Haus für die Familie erwerben zu können? Hatte er nicht versucht, ihr alle Wünsche zu erfüllen? Hatten sie nicht zwei reizende Kinder? Nun, wo er seinen beruflichen Zielen näher kam, sagte sie plötzlich, dass sie ihn nicht mehr liebe und sich scheiden lassen wolle.

„Hat sie denn in den ganzen acht Jahren, seit ihr verheiratet seid, nie irgendetwas erwähnt, das sie stört?", fragte ich.

„Nun gut", antwortete er, „manchmal hat sie gesagt, dass sie mich vermisst, oder dass sie es nicht mag, so viel allein zu sein, dass sie meine Hilfe braucht, dass sie gerne etwas mit mir zusammen unternehmen würde und so weiter und so weiter. Sie hat wegen solcher Kleinigkeiten ständig an mir herumgenörgelt."

„Und was hast du ihr gesagt?"

„Ich habe ihr immer wieder gesagt, dass ich so viel arbeiten muss, um unsere Zukunft zu sichern. Wieso kann sie nicht einsehen, dass ich das alles nur für sie mache, und dass ich erschöpft bin, wenn ich nach Hause komme, und dann meine Ruhe brauche? Ich hätte nie gedacht, dass es so weit kommen würde. Ich liebe sie, und ich will sie nicht verlieren."

„Hast du denn nicht auf das gehört, was sie dir immer gesagt hat?"
„Nein, ich dachte das wäre einfach nur Frauengerede. Sie sagt, dass sie jetzt einen Mann gefunden hat, der ihr zuhört und der was mit ihr unternehmen wird. Vielleicht wären wir nie in diese Situation gekommen, wenn ich ihr zugehört hätte."

Sonja und Josef

Manchmal ist es auch die Frau, die sich so von ihrem Job oder den Kindern in Anspruch nehmen lässt, dass sie die Beziehung zu ihrem Mann vernachlässigt.

Sonjas Ehe war in Gefahr, und sie verstand nicht, warum. Ihr war nur aufgefallen, dass Josef sie während des letzten Jahres ziemlich gleichgültig behandelt hatte und oft spät von der Arbeit nach Hause gekommen war. Schließlich hatte er ihr gesagt, dass er nicht mehr dasselbe für sie fühle wie früher, dass er nicht einmal wisse, ob er sie überhaupt noch liebe. Er wolle einige Zeit alleine leben, um über ihre Beziehung nachzudenken und sich über seine Gefühle klar zu werden. Geschockt und voll Panik arrangierte Sonja daraufhin für sie beide einen Beratungstermin bei mir.

Als ich sie fragte, wann denn ihre Flitterwochen zu Ende gegangen seien, meinte Sonja: „Vor einem Jahr."

Aber Josef antwortete: „Vor fünf Jahren, als unser erstes Kind geboren wurde. Früher sind Sonja und ich oft miteinander ausgegangen. Aber nachdem unser Sohn angekommen war, weigerte sie sich strikt, abends mit mir noch irgendwohin zu gehen. Und als wir auch noch eine Tochter bekamen, wurde es noch schlimmer. Sie sagt, dass sie die Kinder niemandem anvertrauen kann außer ihrer Mutter. Aber die ist seit langem krank und kann nicht mehr kommen. Immer wieder sage ich, dass meine Mutter gerne auf die Kinder aufpassen würde, damit wir mal etwas Zeit für uns alleine hätten. Wir sind überhaupt nicht mehr alleine. Die Kinder schlafen sogar bei uns im Zimmer! Aber Sonja traut einfach niemandem. Manchmal bin ich mir nicht einmal sicher, ob sie mir traut. Ich versuche, nett zu ihr zu sein, aber sie lässt mich überhaupt nicht an sich herankommen."

„Josef hat keine Ahnung davon, wie viel Kraft es mich kostet, für die Kinder zu sorgen", ereiferte sich Sonja. „Ich bin erschöpft, wenn er nach Hause kommt. Er weiß doch, was ich für die Kleinen fühle. Es stimmt, dass seine Mutter sie gerne versorgen würde, wenn ich sie ließe. Aber sie mag mich nicht, und sein Vater schimpft andauernd herum. Ich möchte nicht, dass meine Kinder in so eine Atmosphäre kommen. Das schadet ihnen. Wieso versteht er das nicht?"

Sonja musste an ihren Ängsten arbeiten und an ihrer Vorstellung davon, wie eine gute Mutter sein muss, und welche Aufgabe Josef als ihr Vater hatte. Waren es nur ihre Kinder, oder gehörten sie ihnen beiden? Welchen Einfluss hatte ihre Mutter auf Sonjas Verhalten ihrem Mann und seiner Familie gegenüber? Was bedeutete es jetzt, nachdem sie Mutter geworden war, Ehefrau zu sein? Wie konnte sie Josef in die Sorge für die Kinder mit einbeziehen? Wie konnten sie es möglich machen, freie Zeit miteinander ohne die Kinder zu haben, wenigstens einmal im Monat, um ihre Beziehung zueinander wieder aufzubauen? Ohne diese Probleme zu bearbeiten, würde ihre Ehe zerbrechen.

Bob und Karin

Bei Bob und Karin lagen die Dinge anders. Bob war Sänger in einer christlichen Musikgruppe und deshalb fast jedes Wochenende unterwegs. Als sie noch keine Kinder hatten, war Karin meistens mit ihm gefahren, aber das ging nun nicht mehr. Seine Kinder sahen ihren Papa immer nur von Montag bis Donnerstag in den wenigen Minuten, bevor er zur Arbeit ging, und abends, ehe sie ins Bett mussten.

Schließlich stand Bob vor einer schwierigen Entscheidung: Wenn er weiterhin mit seiner Band unterwegs sein wollte, würde er riskieren, seine Frau und seine Kinder zu verlieren. Oder er musste sich darauf beschränken, seine Begabung nur noch in seiner eigenen Gemeinde einzusetzen, dafür aber Vollzeitehemann und -vater sein zu können. Dafür entschied Bob sich. Während dieses Lebensabschnittes sollte seine Familie an erster Stelle stehen.

Julia und Alfred

Julia und Alfred arbeiteten beide als Missionare, aber als ihre Kinder geboren wurden, musste Julia ihre Aufgaben außerhalb des

Hauses einschränken, um für sie zu sorgen. Als jemand sie fragte, warum sie nur noch am Sonntagmorgen den Gottesdienst besuche und keine anderen Gemeindeveranstaltungen, antwortete Julia: „Zurzeit sehe ich es als meine Hauptaufgabe an, nur Ehefrau und Mutter zu sein und drei kleine zukünftige Missionare zu erziehen. Ich finde es besser, jetzt drei kleine Missionare zu erziehen, statt später drei Missionare zu brauchen, damit unsere Kinder sich bekehren."

Das fünfte Lebensjahrzehnt (40-49 Jahre)

Diesen Lebensabschnitt könnte man die Jahre des rauen Erwachens nennen: Die Kinder werden erwachsen und haben eigene Vorstellungen vom Leben. Wir sind nicht mehr ihre Idole. Sie sagen uns unverblümt, was wir alles falsch machen, dass wir hinter dem Mond leben, dass wir alt sind. Sie haben vielleicht sogar schon das Haus verlassen. Dass zudem unser Körper nicht mehr so gut aussieht und funktioniert wie früher, macht die Sache noch schlimmer. Wir müssen uns eingestehen, dass wir älter werden. Die Welt hat sich nicht so widerstandslos verändern lassen, wie wir gedacht haben, unsere Ziele waren nicht so leicht zu erreichen, und das Leben ist schon zur Hälfte vorüber. Mancher fragt sich voll Panik, ob das schon alles war.

Dies ist die Zeit der Midlife-Crisis beim Mann und der Wechseljahre für die Frau, eine Zeit der Veränderungen, in der man Ziele, die man nicht erreicht hat, entweder abschreibt oder desto konsequenter anstrebt.

Wenn die Krisen und Herausforderungen der vorangegangenen Lebensabschnitte nicht bewältigt wurden, haben sich die Partner möglicherweise auseinander entwickelt. Vielleicht haben sie mit aller Kraft versucht, den anderen zu einer Veränderung zu bewegen, aber schließlich die Hoffnung aufgegeben. Es kann aber auch sein, dass einer von beiden sich so verändert hat, dass der andere nichts Liebenswertes mehr an ihm sehen kann, und sich von ihm trennt.

Anna und Robert

Anna war über ihre Ehe verzweifelt. Sie hatte Robert beim Aufbau ihres Geschäftes geholfen, bis er seine Ziele erreicht hatte.

Er hatte alle Konkurrenten überrundet und sonnte sich in seinem Erfolg. Damit das jeder sah, ging er immer öfter zu Partys, trank dort immer mehr Alkohol, kaufte starke Wagen und fuhr sie rücksichtslos.

Bevor ihre vier Kinder angekommen waren, hatten Anna und Robert gemeinsam die Partys besucht und auch zusammen getrunken. Aber nun waren sie Eltern, und Anna war der Meinung, dass sie für ihre Kinder verantwortlich seien. Sie wollte sie nicht mehr bis in die frühen Morgenstunden mit einem Babysitter allein lassen und dann nach einer Party so betrunken nach Hause fahren, dass alles Mögliche passieren konnte. Außerdem waren die Kinder inzwischen alt genug, um genau mitzubekommen, was vor sich ging.

„Ich finde es nicht gut, wie Anna sich verändert hat", sagte Robert. „Früher konnten wir ausgehen und unseren Spaß haben. Aber nun ist sie religiös und ernst geworden und es ist überhaupt nicht mehr spaßig mit ihr. Ich vernachlässige die Kinder nicht, ich amüsiere mich nur."

Schließlich trieb Robert seinen „Spaß" so weit, dass er mit seiner Sekretärin ausging und mit seinem Neffen auf Trinkpartys herumhing. Dort nahmen sie auch Drogen, passten aber auf, dass sie davon nicht einschliefen, damit sie bis in die frühen Morgenstunden weitertrinken und dann mit ihren Autos nach Hause rasen konnten. Roberts „Spaß" war sein Versuch, seine Jugend festzuhalten, die Weigerung, „alt" zu werden und der Wunsch, weiterhin zur jüngeren Generation zu gehören – der Generation seines Neffen. Erst als ihn Anna vor die Wahl zwischen seiner Familie und seinem unreifen Verhalten stellte, war er grollend bereit, Hilfe anzunehmen.

Elsie

Elsie war gerade vierzig geworden und hatte ihre ersten grauen Haare entdeckt. Sie war in ihrem ganzen Leben noch nie krank gewesen, aber nun war sie schwer depressiv. Bis vor kurzem hatte sie ein unglaubliches Pensum bewältigt: Sie hatte ihre sechs Kinder zu Hause unterrichtet, ihren Haushalt in Schwung gehalten, in ihrer Gemeinde mitgearbeitet und jeden unterstützt, der sie brauchte. Nun lag sie flach im Bett und schien nicht wieder hochkommen zu können. Ihr

Mann musste für die Kinder sorgen, sie daran gewöhnen, zur Schule zu gehen und bestimmte Pflichten im Haushalt zu übernehmen.

Elsie konnte nicht fassen, dass ihr so etwas passierte. Auch Therapie und Medikamente halfen ihr nicht. Wie konnte sie nur so depressiv sein! Sie musste irgendetwas falsch gemacht haben.

„Elsie", fragte ich sie schließlich, „könnte es sein, dass du dich selbst überfordert hast und nun total ausgebrannt bist und deshalb eine Zeit der vollkommenen Ruhe brauchst?"

„Nein, das kann es nicht sein", sagte sie matt. „Ich habe das doch alles gerne gemacht. Ich muss mich nur zusammenreißen und wieder in Gang kommen."

„Hast du schon einmal darüber nachgedacht, dass du nicht mehr zwanzig bist und vielleicht ein bisschen mehr Ruhe brauchst? Dass du nicht in dem Tempo weiterleben kannst wie bisher?"

„Aber ich hatte immer so viel Energie, ich wurde nie müde. Und jetzt bin ich ständig müde", klagte sie.

„Nun", antwortete ich mit einem Lächeln, „willkommen unter uns normalen Menschen. Wir werden alle müde, weißt du. Oder hast du das noch nicht gewusst?"

„Nein", antwortete sie nachdenklich, „das habe ich bis jetzt noch nicht gewusst."

Elsie musste sich schließlich zwei Monate vollkommene Ruhe gönnen, bevor ihre Kräfte langsam zurückkehrten und sie sich von ihrer Depression erholte. Danach musste sie lernen, mit ihrer verminderten Kraft zu leben, langsamer zu arbeiten, neue Prioritäten zu setzen und sich selbst und die Beziehung zu ihrem Mann, ihren Kindern und der Gemeinde in den Grenzen der neuen Lebensphase zu gestalten, in die sie hineinging.

Das sechste Lebensjahrzehnt (50-59 Jahre)

Dies sind die Jahre, in denen man die Kinder ihre eigenen Wege gehen lässt und die Verantwortung für sie aus der Hand gibt. Dafür brauchen nun, wenn nicht schon eher, unsere Eltern Unterstützung, oder sie sterben. Freunde und Familienangehörige, die wir längere Zeit nicht gesehen haben, kommen uns auf einmal viel älter vor, und manche sterben unverhofft. Unsere Verantwortung an der Arbeitsstelle und für unsere Gemeinde wird langsam von der nächsten Generation übernommen.

Der Spiegel zeigt uns, dass sich in unserem Gesicht feine Falten gebildet haben und unser graues Haar nicht mehr übersehen oder verdeckt werden kann. Vielleicht versuchen wir es zuerst noch zu leugnen, aber irgendwann müssen wir uns eingestehen, dass wir nicht mehr jung sind. Wenn wir frühere Lebensabschnitte mit ihren Chancen und Krisen gut verarbeitet haben, können wir in der Ehe in diesen Jahren der Reife einander neu finden, fester zusammenwachsen und füreinander leben. Es können die besten Jahre der Ehe werden.

Wer aber vorangegangene Krisen und Lebensphasen nicht verarbeitet hat, versinkt nun vielleicht in Depressionen oder macht einen letzten Ausbruchsversuch. Mancher Mann geht „mit einem Mädchen, das seine Tochter sein könnte", auf und davon.

Viola und Heiner

Viola war verzweifelt. Als sie von der Arbeit zurückgekommen war, hatte sie einen Zettel von Heiner gefunden, auf dem er ihr mitteilte, dass er sie verlasse und niemals zurückkehren werde. Sie solle nicht versuchen, nach ihm zu suchen, weil sie ihn sowieso nicht finden würde. Sie solle ihn einfach vergessen. Er überlasse ihr das neue Haus, habe aber alle Konten aufgelöst und die Ersparnisse einschließlich des langfristig festgelegten Geldes abgehoben.

Viola fühlte sich wie gelähmt vor Schmerz. Trotzdem musste sie sehr rasch einige weit reichende Entscheidungen fällen, denn ihr Einkommen reichte nicht, um die Raten für das Haus abzuzahlen. Also musste sie das Haus verkaufen und mit ihren beiden jüngsten Kindern, die noch zum College gingen, in eine winzige Wohnung ziehen. Viola wurde so depressiv, dass sie kaum noch weiter arbeiten konnte. Aber ihre finanzielle Situation ließ es nicht zu, dass sie ihren Beruf aufgab. Gerade zu der Zeit, als sie gehofft hatte, das Leben nun etwas leichter nehmen zu können, musste sie schwerer arbeiten als je.

Viola sagte, dass sie und Heiner in ihrer Ehe eine sehr gute Beziehung gehabt hatten. Sie hatten immer alles zusammen gemacht. Aber als Heiner aus gesundheitlichen Gründen früh in Rente gegangen war, hatte er sich immer weiter zurückgezogen. Schließlich sprachen sie außer über seine grüblerischen, melancholischen Gedanken, dass sein Leben vorbei war und er bald sterben werde, kaum noch miteinander.

Viola fuhr kreuz und quer durch die Stadt, aber nirgends konnte sie Heiner finden. Sie hatte Angst, dass er Selbstmord begehen könnte. Aber dann hätte er doch nicht all das Geld gebraucht, fiel ihr ein. Was konnte ihm passiert sein?

Heiner hatte immer davon geträumt, zu reisen und die Welt zu sehen. Aber dann waren die Kinder angekommen, und die zusätzliche Verantwortung hatte ihn daran gehindert, seine Träume zu verwirklichen. Viele Monate vergingen, bis Nachrichten über ihn hereintröpfelten. Heiner war in verschiedenen Teilen der Welt gesehen worden. Offensichtlich besuchte er all die Orte, die zu sehen er sich erträumt hatte. Es war für Viola ein langer, schwerer Weg, ihren Verlust zu betrauern und ihr Leben neu aufzubauen.

Annie und Wilbur

Wenn ein Ehepaar erfolgreich durch frühere Lebensabschnitte und die damit verbundenen Krisen gekommen ist, dann können diese Jahre die schönsten seiner Ehe werden. Eine meiner Schwestern, Annie, und ihr Mann Wilbur sind ein Beispiel dafür. Lange, arbeitsreiche und schwierige Jahre lagen hinter ihnen. Sie hatten elf Kinder – darunter zweimal Zwillinge – aufgezogen und ins Leben entlassen. Annie hatte nach einem schweren Unfall Jahre voller Schmerzen durchgestanden, bis sie schließlich wegen einer Osteoporose und ständig abnehmender Gesundheit nur noch im Rollstuhl saß.

Als die Kinder alle erwachsen waren und das Haus verlassen hatten, wurde Wilbur Lastwagenfahrer. Deshalb war er oft mehrere Tage hintereinander unterwegs, während Annie allein zu Hause zurückblieb. Zwar wurde es ihr nie langweilig, weil sie sich gut beschäftigen konnte. Trotzdem wollten beide, dass Annie wenn immer möglich mit Wilbur mitfuhr. Er hob sie dann in seinen Lastwagen und wieder hinaus, so oft es nötig war, und schob dann ihren Rollstuhl. Auf diese Weise reisten sie immer wieder wochenlang miteinander herum, was beide sehr genossen. Als sie auf ihre goldene Hochzeit zugingen, verbrachten sie mehr Zeit miteinander, als je zuvor in ihrem Leben. Sie waren erfolgreich durch die früheren Stadien und Krisen gegangen und hatten die goldenen Jahre ihrer Ehe erreicht.

Das siebte Lebensjahrzehnt (60-69 Jahre)

Dies ist das Stadium des Ruhestandes. Manche haben davon geträumt, andere haben ihn gefürchtet. Nun müssen wir von unserer Berufsarbeit Abschied nehmen, Verantwortung an andere übergeben, uns aus vielem herauslösen. Wir müssen der Tatsache ins Auge sehen, dass wir nicht mehr die Kontrolle über die Dinge haben und unsere Generation als nächstes mit dem Sterben an der Reihe ist. Wir haben nicht alle Probleme der Welt gelöst, wie geplant. Wir haben nicht alles geschafft, was wir uns vorgenommen haben. Und auch wenn wir vielleicht unser wichtigstes Ziel erreicht haben, macht uns das nicht immun gegen das unausweichliche Abnehmen unserer Gesundheit, Kraft und Ausdauer. Wir werden alt.

„Jetzt haben wir endlich Zeit für ... ", denkt nun mancher und versucht noch so viel wie möglich von dem zu vollbringen und zu erleben, was während der Jahre, die mit anderen Verpflichtungen ausgefüllt waren, nicht möglich war.

In diesen Jahren, in denen die Ehepartner zusammen zu Hause sind und es nichts mehr gibt, was sie ablenken könnte, entdecken sie einander wieder ganz neu – mit allem Guten und Schlechten. Alte Meinungsverschiedenheiten, die sie bisher nur am Rand ihrer Beziehung störten, tauchen auf einmal mitten auf ihrem Weg auf. Früher konnten sie sie zur Seite schieben, sie ignorieren oder unter Arbeit begraben. Nun geht das nicht mehr.

Erwin und Rosie

Erwin hatte den Ruhestand erreicht, und nun hatte er endlich die Zeit, das zu tun, wonach er sich immer gesehnt hatte: Sich in die Arbeit für seine Kirche zu stürzen und sein Zuhause als eine Außenstelle der Gemeinde zu benutzen, wo Leute zum Bibelstudium zusammenkommen, wohin er sie zum Essen und zu Freizeiten einladen und wo er sie mit dem Evangelium erreichen konnte. Jeden Donnerstagabend war nun Hauskreis, und am Freitagabend kamen Gäste zum Abendessen. Erwin genoss jede Minute, die sie da waren.

Leider hatte er vergessen, seine Frau Rosie vorher zu fragen, was sie darüber dachte, ihr Haus für die ganze Gemeinde zu öffnen. Rosie ärgerte sich mächtig über diese Gedankenlosigkeit und Rücksichtslosigkeit.

„Ich sehe das nicht ein", machte sie sich Luft. „Wo war er in all den Jahren, als die Kinder klein waren und ich ihn gebraucht habe? Ich habe ihn angebettelt, etwas Zeit für uns zu haben, aber er war immer zu beschäftigt. Schließlich habe ich resigniert und meine Tage ohne ihn ausgefüllt und meine eigenen Interessen entwickelt. Unser Haus ist mein Rückzugsort geworden, wo ich mich erholen kann. Nun ist er im Ruhestand und ist so gedankenlos wie eh und je! Er hat mir mein Refugium weggenommen und erwartet obendrein, dass ich für alle seine Gäste koche und ihnen serviere. Aber ich habe es satt zu kochen. So viele Jahre habe ich gekocht, und nun will ich auch meinen Ruhestand", schluchzte sie.

Aber sie scheute sich davor, das, was sie mir so offen geschildert hatte, auch mit Erwin zu besprechen und ihn mit ihren Bedürfnissen zu konfrontieren. Um kein schlechtes Licht auf Erwin zu werfen, wollte sie auch nicht mit ihrem Pastor über ihre Situation sprechen.

Ich bat Erwin, mit zur Beratung zu kommen, aber das lehnte er ab. Er habe keine Probleme. Es sei Rosie, die rücksichtslos war und ihn und seine Ideen und Ziele nicht verstand. Offensichtlich sei sie einfach nicht so am Werk des Herrn interessiert wie er.

So litt Rosie stumm weiter und glitt schließlich immer tiefer in eine Depression, bis sie ihr Zimmer nicht mehr verlassen konnte und in eine psychiatrische Klinik musste. Erst da wurde Erwin langsam klar, dass irgendetwas nicht ganz stimmte mit seiner Art, die Dinge anzufassen.

Ingo und Almut

Ingo und Almut hatten ihr Leben lang in ihrer eigenen Speditionsfirma zusammengearbeitet. Beide hatten dabei einen eigenen Arbeitsbereich gehabt und dem anderen nie in dessen Bereich hineingeredet. Nun waren sie im langersehnten Ruhestand und rechneten damit, noch zehn Jahre bei guter Gesundheit zu bleiben. Sie freuten sich darauf, nun alles tun zu können, wozu sie sonst nie gekommen waren, zum Beispiel ihr Haus zu reparieren, in der Kirche mitzuarbeiten, zu reisen und Zeit mit ihren Kindern zu verbringen. Aber innerhalb von Monaten waren sie in tiefen Schwierigkeiten.

„Ich möchte, dass er verantwortlich handelt und im Voraus plant, denn wir haben nicht mehr viel Zeit übrig. Es gibt eine Menge zu tun, und er plant einfach nichts. Er verschwendet seine Zeit mit unnützen Dingen", beklagte sich Almut.

„Ich weiß gar nicht, was sie will", entgegnete Ingo. „Ich habe den ganzen Schmutz beseitigt und die Ölfässer weggebracht und das ganze Gerümpel, das ich für die Lastwagen gebraucht habe. Dann habe ich das unterbrochen, um ihren Geschirrspüler zu reparieren, und da hat sie noch gesagt, ich hätte es nicht richtig gemacht. Mir ist eine Schraube hineingefallen, und ich musste ihn auseinander nehmen, um sie wieder herauszuholen. Und dann schimpfte sie, das wäre mir nur passiert, weil ich nicht vorher geplant hätte."

„Richtig, das ist ein Beispiel für das, was ich gesagt habe: Ich möchte, dass er im Voraus plant. In dem Geschirrspüler war ein Loch. Das hätte er sehen und vorher mit einem Handtuch abdecken müssen, dann wäre die Schraube auch nicht da hineingefallen", sagte Almut. „Und außerdem hat er keine Ahnung von Geschirrspülern. Einen ganzen Tag hat er gebraucht, um ihn zu reparieren. Er hätte jemand anders dafür holen sollen."

„Aber ich habe das gemacht, weil sie mich darum gebeten hat", verteidigte sich Ingo, „und statt dankbar zu sein, sagt sie, dass ich Zeit verschwende."

„Nun, es gibt eben so viele andere Dinge, die erledigt werden müssen, und wir haben nicht mehr viel Zeit übrig", konterte Almut.

„Ich glaube, sie war einfach nur sauer, weil ich nicht als Erstes den Hof fertig gemacht habe, und sie dann dort draußen nicht ihren Hauskreis abhalten konnte," sagte Ingo. „Aber ich wollte zuerst das Gerümpel und die Ölfässer wegbringen."

In ihrer Firma hatten beide in ihren Arbeitsbereichen eigene

Prioritäten gesetzt. Doch nun arbeiteten sie zusammen, und da irritierten sie diese unterschiedlichen Prioritäten, und sie rieben sich mit ihren Forderungen und Erwartungen gegenseitig auf. Als beide aufschrieben, was sie vorhatten und wie sie das erreichen wollten, stellte sich heraus, dass ihre Ziele sehr ähnlich waren. Sie hatten sie nur auf verschiedene Weise erreichen wollen. Außerdem wurde ihnen klar, dass sie sich selbst so unter Druck setzen, dass sie ihre Aktivitäten nicht mehr genießen konnten.

Es gelang ihnen, ihre Prioritäten und Arbeitsmethoden aufeinander abzustimmen und ihr Tempo herunterzuschrauben. Außerdem einigten sie sich darauf, dass es wichtiger war, ihre Unternehmungen zu genießen, als alles zu verwirklichen, was sie sich vorgenommen hatten. Danach konnten sich Ingo und Almut auch in ihrem Ruhestand so aufeinander einstellen, wie sie es während ihrer gemeinsamen Berufsarbeit getan hatten.

Das achte Lebensjahrzehnt (70-79 Jahre)

In diesen zehn Jahren nimmt die Gesundheit weiter ab und nun – wenn nicht schon vorher – werden wir mit dem Tod konfrontiert, entweder mit dem eigenen oder dem von Ehepartner oder Freunden. Wenn wir auf Gott vertrauen, der versprochen hat, uns bis an unser Ende und darüber hinaus sicher zu tragen, können wir in diesen Jahren den nachfolgenden Generationen ein Beispiel dafür geben, wie man die letzten Jahre und die Zeit des Abschieds voll Zuversicht annehmen kann. Wer diesen Halt nicht kennt, versinkt vielleicht in Bitterkeit, Ziellosigkeit, Depression und Auflehnung.

Stefan

Stefan war früh in den Ruhestand gegangen. Er war dreißig Jahre lang Lehrer gewesen und wollte es sich nun für den Rest seines Lebens leichter machen und die verbliebenen Jahre genießen. Er wusste nur leider nicht, wie, denn er hatte keine Freunde und hatte auch keine Hobbys oder Interessen entwickelt, die ihm außerhalb des Hauses neue Kontakte gebracht hätten. Weil er nicht selbst Auto fahren konnte, chauffierte ihn seine Frau Nancy, wenn er irgendwo hin wollte. Aber dann starb Nancy, und er fühlte sich einsam, orientierungslos und verlassen.

Obwohl Stefan immer noch bei guter Gesundheit war, weigerte er sich fortan, allein das Haus zu verlassen, und sei es nur, um in den nahen Park zu gehen und mit anderen alten Männern Erinnerungen auszutauschen. Er erwartete, dass nun seine Töchter so für ihn sorgte, wie Nancy es getan hatte, aber das konnten die nicht. Langsam versank Stefan in einer tiefen Depression, lehnte es aber ab, sein Leben umzustellen. Schließlich musste seine Familie ihn in einem Pflegeheim unterbringen, wo er den Rest seiner Tage dahinvegetierte.

Lucia

Lucia meisterte ihre letzten Lebensjahre ganz anders. Sie hatte es schon als kleines Kind schwer gehabt, denn sie war mit einer Körperbehinderung auf die Welt gekommen und konnte deshalb nur an Krücken laufen. Sie wurde Lehrerin, heiratete und zog vier Kinder groß. Sie entwickelte viele Interessen, und ihr Leben war ausgefüllt und spannend. Als ihr Mann starb, ging Lucia durch eine Zeit tiefer Trauer. Aber dann beschloss sie, ihr Leben wieder in die Hand zu nehmen. Doch nun, mit dreiundsiebzig, stand sie vor einer neuen Herausforderung: Man hatte Krebs bei ihr festgestellt, und sie musste einer Operation mit anschließender Chemotherapie ins Auge schauen und vielleicht sogar dem Tod.

Lucia stand unter Schock. „Das kann nicht wahr sein, dass mir das passiert", protestierte sie. „Ich bin noch zu jung dazu!"

„Augenblick", entgegnete ich. „Du bist dreiundsiebzig. Wann meinst du, fangen solche Dinge an?"

„Nun, meine Mutter ist kerngesund geblieben, bis sie sechsundneunzig war. Und dann ist sie eines Tages ganz plötzlich an einem Herzanfall gestorben."

„Und du hast erwartet, dir würde es auch so ergehen?"

„Ich weiß es nicht", antwortete sie. „Ich habe nie richtig darüber nachgedacht. Ich dachte, ich hätte noch zwanzig Jahre vor mir, bevor ich ans Sterben denken muss. Das ist ein schlimmer Schock. Ich bin dazu nicht bereit."

Eingehend sprachen wir darüber, was es bedeutet, zu sterben, und welcher Halt Gott für uns ist, wenn wir keinen Einfluss mehr darauf haben, was mit unserem Körper passiert. Lucia dachte darüber nach, wie sie ihre neuen Grenzen annehmen und darin leben konnte – geradeso, wie sie es ihr Leben lang mit ihrer körperlichen Behinderung getan hatte.

Als Lucias Krebsbehandlung voranschritt, ging sie durch eine weitere Zeit der Trauer, diesmal für den Verlust ihres Haars und ihrer Gesundheit und den möglichen Verlust ihres Lebens. Doch eines Tages fing sie wieder an, die Welt um sich herum wahrzunehmen. Sie sah, wie viele von den anderen Patienten schwer depressiv waren. Lucias Gedanken drehten sich nun nicht mehr nur um sie selbst. Langsam fing sie an, sich ihren Mitpatienten zuzuwenden und sie aufzumuntern. Als ihre Behandlung abgeschlossen war, besuchte sie weiterhin die niedergedrückten Patienten in dem Krebszentrum.

„Dies ist eine neue Erfahrung für mich", erzählte sie. „Ich habe nie darüber nachgedacht, was es bedeutet, dem Tod ins Auge zu blicken. Ich sehe dies als einen neuen Auftrag für mich. So lange, wie Gott mir mein Leben lässt, will ich mich um diese Menschen kümmern. Ich möchte ihnen helfen, diese Lebenssituation zu bewältigen, durch die auch ich hindurch musste."

Lucias Leben bekam so einen neuen Inhalt. Nach wie vor wusste sie nicht, wie viel Zeit ihr noch blieb. Aber sie verarbeitete ihre Krise und ging wieder nach vorn.

Das neunte Lebensjahrzehnt (ab 80 Jahre)

Bei den meisten Menschen, die so alt werden, versagt nun die Gesundheit, ihr Gedächtnis lässt nach und sie werden von anderen abhängig. Viele kommen in ein Altenheim, die allerletzte Wegstrecke liegt vor ihnen. Wer sich gut darauf vorbereitet hat, kann das annehmen als sein letztes Zuhause, das Gott ihm hier auf der Erde gibt, während er darauf wartet, in das ewige Zuhause zu gehen. Wer das nicht so sehen kann, fühlt sich vielleicht abgeschoben, zurückgewiesen und nutzlos, hegt Bitterkeit und Groll und fordert ständige und sofortige Aufmerksamkeit, die ihm doch niemand geben kann.

Erna

Erna hatte sich nur unvollständig von einem Schlaganfall erholt. Sie konnte kaum noch sprechen und nur noch mit einem Gehwagen vorwärts schlurfen. Ihr Mann war Jahre zuvor gestorben, ihre Kinder waren alle verheiratet. Seit Jahren lebte sie in einem Altenheim. Wenn wir sie fragten: „Wie geht es dir, Erna?", erhellte sich ihr Gesicht und mit großer Mühe formte sie die Worte: „Ich kann noch beten", oder: „Ich gehe mit Jesus." Bis zu dem Tag, an dem Jesus sie zu sich in sein ewiges Reich holte, strahlte sie trotz zunehmender Schwachheit Zuversicht und Gelassenheit aus.

Jeder Mensch erlebt, wenn er von einem Lebensabschnitt zum nächsten voranschreitet, immer wieder ein tiefes Gefühl des Verlustes, weil er Vertrautes hinter sich lassen muss und verliert, um sich auf Neues einlassen zu können. Das löst Trauer aus – genauso, wie seelischer Schmerz und Verluste in unseren Beziehungen. Im nächsten Kapitel werden wir die verschiedenen Phasen des Trauerprozesses näher anschauen.

Kapitel 5
Phasen der Trauer

Die Ehe ist wie ein Bett voller Rosen, es ist zwar sehr schön, enthält aber auch viele Dornen, die einen schmerzhaft stechen können, wenn man nicht sorgsam und vorsichtig damit umgeht. Denn zum einen erfordert das Zusammenleben in der Ehe von beiden Partnern eine gute Portion Selbstverleugnung, zum andern bringt das Leben selbst auch schmerzhafte Erfahrungen mit sich, so zum Beispiel, wenn wir vor der Herausforderung stehen, Vertrautes loszulassen.

Im vorigen Kapitel hatte ich am Beispiel eines Trapezkünstlers erklärt, warum das Loslassen unser Leben lang immer wieder notwendig ist. So, wie dieser Artist sein Trapez loslassen muss, um seine Vorführung zu Ende zu bringen, müssen wir unsere Kindheit loslassen, um ins Erwachsenenalter eintreten zu können, unser Leben als alleinstehender Mensch aufgeben, wenn wir heiraten, und so geht es weiter von einem Lebensabschnitt zum nächsten.

Wir erleben den Verlust unseres Elternhauses, wenn wir heiraten. Später erlebt manche Frau vielleicht eine Fehlgeburt oder dass eines der Kinder stirbt. Wir verlieren möglicherweise Vater oder Mutter, erleben den Verlust unserer Jugend oder unserer Gesundheit. Mancher muss seinen Traum von einer perfekten Ehe oder einem treuen Ehepartner begraben. Wir können unseren Arbeitsplatz verlieren und noch vieles mehr. Jeder dieser Verluste löst bei uns Trauer aus.

Wir wollen in diesem Kapitel die verschiedenen Phasen des Trauerprozesses anschauen und dann fragen, wie die Beziehung der Ehepartner davon beeinflusst werden kann. Ich will das anhand der Erfahrungen erklären, die ich machte, als ich kurz nach der Geburt unseres zweiten Kindes an Krebs erkrankte und deshalb mit mehreren Operationen und der Möglichkeit eines frühen Todes konfrontiert war und mich damit auseinander setzen musste, vielleicht meinen Mann und meine beiden kleinen Kinder zurücklassen zu müssen.

Die Phasen der Trauer kann man nicht planen oder verhindern, sie laufen ab, ob man es will oder nicht. Aber man kann den Trauerprozess verzögern. Diese Trauerphase als Bestandteil des normalen Trauerprozesses zu verstehen, hilft uns selbst und unseren Angehörigen, die verwirrenden Gefühle und Reaktionen zu verstehen, die uns in diesem Prozess überfallen und durch die wir uns hindurchkämpfen müssen.

Die Phasen der Trauer

1. Leugnen

Wenn wir ein tragisches Unglück erleben oder es in unserem Leben plötzlich tief greifende Veränderungen gibt, ist unsere erste Reaktion ein Schockzustand. Wir können nicht glauben, was geschehen ist. Es kommt uns unwirklich vor, wie ein Traum, aus dem wir bald wieder aufwachen werden. Manche Menschen träumen dann des Nachts tatsächlich davon, dass alles wieder beim Alten ist. Sie fühlen sich im Traum ungeheuer erleichtert, aber wachen irgendwann doch zu ihrer schmerzhaften Realität wieder auf.

Als ich sechs Wochen nach der Geburt unserer Tochter Ruth eine routinemäßige Krebsvorsorgeuntersuchung machen ließ, wurde der Abstrich vom Labor als krebsverdächtig eingestuft. Mein Gynäkologe sagte, er sei sicher, dass es sich nur um harmlose Zellveränderungen von der Schwangerschaft handele. Doch um ganz sicher zu gehen, entnahm er ein kleines Stück Gewebe vom Gebärmutterhals und sandte es ins Labor. Ich bekam den Befund nach Hause geschickt. Ich bin Krankenschwester, und als ich sah, dass mein Name auf dem Umschlag in Rot getippt war, ahnte ich, dass es Schwierigkeiten geben könnte. Ich öffnete den Umschlag und las den Befund, und dann hatte ich es schwarz auf weiß: Ich hatte Krebs! Trotzdem konnte ich es nicht glauben.

„Labors machen Fehler", beruhigte ich meinen Mann, als er mich zum Arzt fuhr. „Das muss eine Verwechslung sein. Ich fühle mich wirklich gut. Die Entbindung ist vorüber und ich fühle mich vollkommen gesund. Es muss ein Irrtum sein."

Der Gynäkologe bestärkte mich in meiner Ansicht. Was untersucht worden war, sei möglicherweise nur ein winziger Fleck gewesen, der bei der Biopsie zufällig entfernt worden war, meinte er. Er werde jetzt einen Teil des Gebärmutterhalses entnehmen und untersuchen lassen, und dann werde sich wahrscheinlich herausstellen, dass alles nur blinder Alarm gewesen war.

Aber wenig später wurde klar: Es war kein blinder Alarm. Ich konnte es nicht mehr leugnen: Ich hatte Krebs.

2. Weinen, Wut und Beschuldigungen

Wenn uns klar wird, dass nichts auf der Welt an der Realität unseres Verlustes etwas ändern kann, setzt unerträglicher Schmerz ein. Quälende Gedanken, Fragen und Gefühle bombardieren uns.

Tief in uns tragen wir ein verborgenes Wissen, dass wir nach Gottes Plan eigentlich im Paradies hätten leben sollen, wo wir diesen Verlust nie erlitten hätten. Instinktiv wissen wir, dass uns dieser Schmerz nie hätte treffen dürfen, und deshalb wehren wir uns dagegen mit Weinen und Wut. Irgendwer oder irgendetwas muss schuld sein an unserem Leid.

In meinem Fall gab es niemanden, den ich direkt für meine Krebserkrankung beschuldigen konnte, denn weder die Ärzte noch mein Mann oder ich hatten irgendwelche Fehler gemacht. Aber warum kam das jetzt in mein Leben? Es gab nur einen, bei dem ich meinen Protest loswerden konnte.

„Gott, was machst du mit mir?", weinte ich immer wieder. „Wenn du vorhattest, mich jung sterben zu lassen, warum hast du mich nicht geholt, als ich meinen Mann und die beiden kleinen Kinder noch nicht hatte, die ich jetzt zurücklassen muss? Ich habe erst mit dreißig geheiratet, weil ich auf den Mann warten wollte, den du für mich im Sinn hattest. Und nun, drei Jahre später, soll ich sterben und sie zurücklassen? Was meinst du, was du da mit mir machst?" Wut, Beschuldigungen, Weinen!

Wer in dieser Phase der Trauer ist, fühlt sich bestürzt, verwirrt und orientierungslos. Nichts ist mehr, wie es sein sollte. Man möchte gegen irgendetwas oder irgendjemanden ankämpfen, um alles wieder in Ordnung zu bringen und wieder gut zu machen. Schließlich gewöhnt man sich langsam an die Situation und gleitet in die nächste Trauerphase.

3. Verhandeln

Wir fangen an, zu verhandeln und Bedingungen zu stellen, die uns unsere unerträgliche Situation erleichtern soll und unter denen wir unseren Verlust oder Schmerz möglicherweise annehmen könnten. Das läuft nicht geplant oder bewusst ab. Es ist einfach der gedankliche Übergang von einer vollkommen inakzeptablen Situation zu einer möglichen Annahme. Deshalb denkt man über Möglichkeiten nach, die das Unabwendbare und Unerträgliche doch annehmbar werden lassen könnten.

Manche ernsthaften Christen verurteilen diese Gedanken als Rebellion, als mangelnden Glauben oder anmaßenden Versuch, Gott etwas abzuhandeln. Aber das ist eine verkehrte Sicht. Denn diese Überlegungen sind ein wichtiger Schritt auf dem Weg dahin, mit dem Unbegreiflichen zurecht zu kommen. Es ist wichtig, diese Ideen zuzulassen und zu durchdenken. Man sollte sich durch sie nur nicht zu irgendwelchen weit reichenden Entscheidungen verleiten lassen. Erst wenn die Zeit der Trauer vorüber ist, was über ein Jahr dauern kann, ist man zu solchen Entscheidungen wieder fähig.

Als ich in diese dritte Trauerphase hinein glitt, merkte ich, wie ich anfing, in meinen Gebeten mit Gott zu verhandeln: „Vater, wenn du meinst, dass es für mich besser ist, jung zu sterben, dann will ich das annehmen. Aber bitte gib mir noch fünfzehn Jahre. Dann sind die Kinder älter und können besser damit fertig werden, wenn ich sterbe. Bitte, gib mir noch fünfzehn Jahre."

Aber Gott antwortete mir: „Arline, erinnerst du dich an den König von Israel, der, als er sterben sollte, um weitere fünfzehn Jahre betete? Ich gab ihm diese Jahre, aber in dieser Zeit wurde sein Sohn geboren, der später der gottloseste König von Israel wurde. Wenn ich weiß, dass es besser für dich ist, jetzt zu sterben, willst du dann wirklich noch fünfzehn zusätzliche Jahre von mir haben?"

Nein, das wollte ich lieber doch nicht. Aber dann fiel mir etwas Neues ein. „Ich weiß, was ich machen kann. Wenn ich wirklich sterben muss, dann schreibe ich Briefe für meine Kinder, einen für jeden Geburtstag, bis sie fünfzig Jahre alt werden. Ich werde die Briefe entsprechend ihrer Altersstufe gestalten, werde ihnen sagen, was sie gerade in diesem Alter für ihr Leben wissen müssen, und ich werde ihnen einen besonderen Brief für die Nacht vor ihrer Hochzeit schreiben. Ich werde ihnen alles sagen, was ich ihnen gesagt hätte, wenn ich zu der Zeit noch am Leben gewesen wäre."

Aber Gott antwortete: „Wenn ich weiß, dass es besser ist, wenn du jetzt stirbst, willst du dich dann wirklich über deinen Tod hinaus in das Leben der Kinder einmengen? Willst du sie sogar noch aus dem Grab heraus beeinflussen?"

„Aber Vater", weinte ich untröstlich, „die Jahre, wenn die Kinder langsam erwachsen werden, sind so schwierig, und dann wäre ich nicht mehr für sie da. Sie werden eine Mutter brauchen, die sie versteht. Ich möchte, dass sie wissen, dass ich sie wirklich geliebt und verstanden und für sie gebetet habe."

Gott antwortete mir: „Meinst du nicht, dass ich die Gebete, die du jetzt für sie betest, in fünfzehn Jahren beantworten kann?"

Langsam merkte ich, dass es nichts gab, womit ich die Dinge besser machen konnte. Ich konnte die Möglichkeit, vielleicht sterben und meine Familie verlassen zu müssen, nicht wegverhandeln. Erst Jahre später würde feststehen, ob der Krebs nach der letzten Operation wirklich nicht wieder kam. Aber diese Jahre lagen in der Zukunft und ich wusste nicht, was sie mit sich bringen würden. Langsam versank ich in die vierte Trauerphase.

4. Depression

Alles Verhandeln ändert nichts an unserem Verlust und verringert auch nicht unseren Schmerz. Wenn das klarer wird, setzt die Depression ein. Das Leben erscheint dunkel, hoffnungslos und sinnlos. Uns bleibt nichts andres übrig, als uns in das Unabänderliche zu fügen.

Ich bin nicht depressiv veranlagt. Aber auch für mich kamen sehr dunkle Tage. Zu dieser Zeit waren wir mitten in einigen großen evangelistischen Einsätzen, und unser Haus quoll ständig von Besuchern über. Es gab keinen Platz, an den ich mich hätte zurückziehen können und wo ich weinen oder schreien konnte. Dazu kamen noch die allmonatlichen Kontrolluntersuchungen beim Arzt und die nervenaufreibenden, bangen Tage des Wartens auf die Ergebnisse der Tests, die darauf folgten.

Schließlich kam der Tag, an dem ich in Tränen zu meinem Arzt in die Praxis kam. Ich weinte die ganze Zeit während der Untersuchung und bis ich wieder hinaus zu meinem Wagen ging. In dieser Zeit musste der Arzt mir Medikamente verschreiben, die mir halfen, die Belastung zu ertragen.

Aber auch das ging vorüber und eines Tages wurde mir bewusst, dass ich immer noch lebte, und mir erschien das Dasein wieder heller. Langsam trat ich in die fünfte und letzte Phase des Trauerprozesses ein.

5. Annahme

Wenn die Zeit vergeht und das Leben rings um uns herum weitergeht, mögen wir fast bedauern, dass andere unseren Schmerz so schnell vergessen konnten. Aber langsam merken wir, dass es auch für uns nach dem Verlust noch ein Leben gibt und dass Gott immer noch ein Ziel für uns hat. Langsam und vorsichtig fangen wir an, die für unsere Anpassung an den Verlust notwendigen Veränderungen vorzunehmen.

Trotz meines Kummers dämmerte mir langsam, dass ich noch nicht tot war – ich lebte tatsächlich immer noch. Zwar musste ich weiterhin zu den Kontrolluntersuchungen gehen, und ich konnte nie voraussehen, was die nächsten Tests ergeben würden. Ich wusste auch nicht, wie lange ich noch zu leben hatte. Trotz allem: Ich lebte. Ich konnte jeden Tag mit meiner Familie genießen und konnte an jedem einzelnen Tag das tun, was Gott mir aufgetragen hatte. Wenn es eines Tages so weit sein würde, dass er mich zu sich in die Ewigkeit rief, würde er mir die Gnade verleihen, in Ruhe zu sterben und meine Familie zu verlassen. Und jetzt, an jedem Tag, den ich noch erlebte, gab er mir die Gnade, diesen einen Tag, so gut es innerhalb meiner Begrenzungen möglich war, zu seiner Ehre zu leben.

Mehr als dreißig Jahre sind seither vergangen. Wenn ich damals gewusst hätte, was ich heute weiß, wäre meine Trauerzeit einfacher gewesen. Aber niemand weiß, was die Zukunft mit sich bringt, und genau das macht den Trauerprozess so schmerzhaft.

Jeder, der eine Trauerzeit erlebt, geht durch die genannten Phasen des Trauerprozesses, wenn er sie auch nicht immer ordentlich nacheinander durchschreitet. Mancher ist schon in der dritten Phase angelangt, wo er Bedingungen stellt und verhandelt, und fängt dann plötzlich wieder an, seinen Verlust zu leugnen: „Ich kann es einfach nicht glauben. Das kann nicht wahr sein." Viele gleiten vor und zurück von Phase zu Phase, überspringen vielleicht eine und holen sie später nach oder mixen zwei ineinander. Eins ist sicher: Wer sich seine Gefühle eingesteht und sich dem Trauerprozess stellt, kommt eines Tages auf der anderen Seite des Tunneln an.

Wem allerdings nicht das Recht oder die Zeit eingeräumt wird, den emotionalen Umbruch der Trauerzeit zu fühlen, zu erleben und auszudrücken – oder wer es sich selbst nicht zugesteht –, der bekommt Probleme. Viele Menschen – besonders Christen – fühlen sich schuldig für ihre Gefühle und Erfahrungen. „Ich darfst nicht so fühlen", reden sie sich dann ein. Manchmal sind es auch Mitchristen oder vielleicht sogar der Pastor, die dem Trauernden sagen, dass er nicht fühlen darf, was er fühlt, oder er die Trauer nun doch endlich überwunden haben sollte. Dann kann der Trauerprozess verzögert und behindert werden oder sogar zum Stillstand kommen. Kummer und Trauer halten dann möglicherweise jahrelang an und werden zu einer unterschwelligen Melodie des Schmerzes, die alle Freude untergräbt.

Maria und Martha

Die Schwestern Maria und Martha, von denen im Johannesevangelium erzählt wird, hatten ihren Bruder Lazarus verloren (Johannes 11,1-44). Als Jesus endlich bei ihnen eintraf, waren sie in der zweiten Trauerphase, der Phase von Wut, Tränen und Anklagen. Ihre erste Reaktion war, ihn für ihre Tragödie anzuklagen: „Jesus, wenn du hier gewesen wärest, wäre Lazarus nicht gestorben!" Mit anderen Worten: „Es ist alles deine Schuld, Jesus! Wenn du sofort gekommen wärest, als wir nach dir gerufen haben, wäre das nicht geschehen."

Jesus versuchte, sie zu trösten. „Dein Bruder wird auferstehen", sagte er zu Martha, die als Erste mit ihm sprach, „ich bin die Auferstehung und das Leben."

Aber dieser Trost konnte ihre Trauer nicht durchdringen. Martha antwortete: „Ja, ich glaube, dass er am Jüngsten Tag auferstehen wird. Und ich glaube, dass du der Sohn Gottes bist." Mit anderen

Worten: „Ja, ich kenne alle richtigen Antworten, aber das hilft mir jetzt nicht in meinem Schmerz."

Wenig später stand Maria weinend vor Jesus und beschuldigte ihn ebenfalls für den Tod ihres Bruders. Jesus versuchte gar nicht erst, ihr Trostworte zuzusprechen, sondern nahm Anteil an ihrem Kummer und ihrem Schmerz und weinte mit ihr. Er verstand sie und tadelte sie nicht. Jesus verbot den Schwestern nicht zu weinen. Er forderte sie nicht auf, mehr Glauben zu haben, erwachsener zu sein und sich zusammenzureißen. Sondern er nahm einfach Anteil an ihrem Schmerz und weinte mit ihnen. Und dann ging er zum Grab, um Lazarus aufzuerwecken.

Wenn man selbst einen Trauerprozess durchlebt oder andere dabei begleitet, ist es hilfreich, die Dynamik der einzelnen Trauerphasen zu kennen und zuzulassen: „Natürlich bist du wütend und empört (weinst du, fängst du an, mit Gott zu verhandeln und ihm Bedingungen zu stellen, bist du depressiv usw.). Du erlebst wirklich schlimmen Schmerz. Das gehört zum Trauerprozess dazu."

Wir müssen uns selbst und anderen erlauben zu fühlen, was wir fühlen, müssen unsere Gefühle zulassen, sie spüren, sie annehmen, und uns dabei immer wieder bewusst machen, dass wir uns in einem Prozess befinden, der einen Anfang und ein Ende hat. Eines Tages werden wir ihn abgeschlossen haben. Alle großen Entscheidungen sollten wir wenn eben möglich zurückstellen, bis wir alles hinter uns haben. Wenn sich eine Entscheidung nicht aufschieben lässt, sollten wir uns dabei von Freunden oder Fachleuten beraten lassen.

Verluste und Beziehungen

Jeder Mensch steht im Laufe seines Lebens immer wieder vor der Herausforderung, einen Lebensabschnitt zu verlassen, um in den nächsten voranschreiten zu können. Das bringt Verlustgefühle und Schmerz mit sich. Sogar Kinder können diesen Schmerz schon bewusst erleben.

Als wir in Schottland lebten, musste ich wegen starker Rückenbeschwerden mehrere Wochen das Bett hüten. Deshalb bat ich unsere heranwachsenden Kinder um Mithilfe für einige Aufgaben im Haushalt „Oh Mama", fragte mein Sohn David traurig, als er merkte, wie schlimm mein Rücken war, „heißt das, dass ich nun für immer meine Kindheit aufgeben muss?"

Sicher spüren nur wenige Kinder so deutlich wie damals David den Übergang von der Kindheit zum Erwachsenenleben. Es gibt aber auch Erwachsene, die ihre Kindheit nie richtig hinter sich gelassen haben und deshalb in ihrer Entwicklung stecken geblieben sind.

Annette

In Annettes Elternhaus waren Misshandlungen an der Tagesordnung, denn ihre Eltern hatten ein sehr heftiges Temperament. Sie waren tief in den Spiritismus verwickelt und hatten eigentlich keine Kinder bekommen wollen, wie sie Annette gegenüber immer wieder betonten. Ihre Regeln für das Zusammenleben und ihre Strafen waren unberechenbar und grausam.

Obwohl Annette inzwischen verheiratet war und drei Kinder hatte, lebte sie noch immer auf Abruf für ihre Eltern. Obwohl dadurch ihr Mann und die Kinder oft zu kurz kamen, tat Annette alles, um ihre Eltern zufrieden zu stellen. Kein Wunder, dass ihre Ehe dadurch litt, es Spannungen und Streit gab. Annettes älteste Tochter übernahm schon mit acht Jahren die Aufgabe, ihre Mutter zu trösten und zu ermutigen, wenn die niedergeschlagen nach Hause kam, weil sie es wieder einmal nicht geschafft hatte, die Erwartungen ihrer Eltern zu erfüllen. Obwohl sie längst erwachsen war, hoffte Annette noch immer, dass sie eines Tages ihre Anerkennung erringen könnte und sie ihr dann wie die liebevollen Eltern begegnen würden, nach denen sie sich immer gesehnt hatte.

In intensiven Gesprächen entdeckte Annette schließlich das verletzte kleine Mädchen, das noch in ihrem Innersten lebte. Sie brachte es zu Jesus, damit er es schützen, heilen und trösten konnte. In diesem Zusammenhang musste sie endlich auch der Tatsache ins Gesicht sehen, dass sie es nie schaffen würde, ihre Eltern und besonders ihre Mutter dazu zu bringen, sie zu akzeptieren und anzuerkennen. Sich das einzugestehen, war für Annette unglaublich schmerzhaft.

„Tief in dir hattest du immer noch gehofft, eines Tages werde es dir vielleicht doch noch gelingen, so perfekt zu werden, dass deine Mutter dich anerkennt und glücklich über dich ist, nicht wahr, Annette?", fragte ich sie. „Ich vermute, dass es sich fast so angefühlt hat, als ob das deine Verantwortung war."

Annette nickte nur und schluchzte weiter.

„Annette, du kannst diese Verantwortung nicht tragen. Niemand kann jemand anderen dazu bringen, dass er anders reagiert oder fühlt. Du kannst deine Eltern nicht dazu bringen, dass sie glücklich über dich sind und dich anerkennen. Dass du es immer wieder versuchst, ist eine sehr schwere Last, so schwer, dass du sie nicht bewältigen kannst.

Annette, Gott sagt uns (Hebräer 4,16), dass wir als seine Kinder das Recht haben, kühn und voller Vertrauen geradewegs zu seinem Thron der Gnade zu kommen, damit wir Hilfe bekommen, wenn wir in irgendwelchen Schwierigkeiten sind. Lass uns deinen Vater und deine Mutter zu Gott bringen, Annette. Ich möchte dir dazu ein Gebet vorsprechen und schlage vor, dass du es laut nachsprichst. Deine Ohren haben während all dieser Jahre die ständige Kritik deiner Eltern gehört. Deshalb musst du auch hören, dass du die beiden zu Gott bringst."

Stell dir nun vor, wie du deinen Vater und deine Mutter bei der Hand nimmst, und sage Gott: ‚Gott, unser Vater, ich habe mich so viele Jahre damit abgemüht, meine Eltern über mich glücklich zu machen, aber ich kann sie nicht ändern. Deshalb komme ich nun mit meinen Eltern zu dir, Gott, geradewegs zu deinem Thron, so wie du es gesagt hast. Ich bringe meinen Vater und meine Mutter in deine Arme und übergebe dir die Verantwortung, sie glücklich zu machen. Ich bitte dich, dass du Menschen in ihr Leben bringst, die dich kennen und ihnen helfen können. Aber das ist jetzt deine Verantwortung, denn ich kann das nicht tun. Mama, Papa, ich bringe euch in die Arme Gottes, und ich lasse euch da. Ich akzeptiere, dass du, Gott, jetzt die Verantwortung für meine Eltern übernommen hast.

Und nun drehe ich mich um und wende mich Jesus zu. Ich lasse meine Eltern und all die Verantwortung hinter mir bei Gott, dem Vater, und fasse dich, Herr Jesus, bei der Hand. Bitte lege einen Arm um mich und den anderen um meinen Mann und unsere Kinder. Ich entscheide mich jetzt dafür, zusammen mit dir in meine Zukunft zu gehen.'"

Als wir fertig gebetet hatten, fühlte sich Annette, als ob eine Zentnerlast von ihren Schultern gefallen wäre. In den Armen Jesu konnte sie sich emotional von ihren Eltern lösen, über ihre verlorene Hoffnung trauern, sie eines Tages doch noch glücklich machen zu können, und voran gehen zum nächsten Abschnitt ihres Lebens.

Anita und Willy

Anita trauerte über einen anderen Verlust. Willy und Anita hatten erst vor zwei Monaten geheiratet, und sie war in dieser Zeit so depressiv geworden, dass sie kaum zur Arbeit gehen konnte. Sie weinte die meiste Zeit. Willy fühlte sich verunsichert und verletzt, und Anita konnte sich selbst nicht verstehen.

„Ich müsste eigentlich glücklich sein", schluchzte sie. „Ich liebe Willy, ich liebe unsere Wohnung, wir haben beide gute Jobs, aber ich bin so traurig, dass ich dauernd weinen muss."

„Ich verstehe sie nicht", sagte Willy. „Alles, was sie sich wünscht, ist, zurück zu ihren Eltern nach Hause zu gehen. Langsam frage ich mich, ob sie mich überhaupt noch liebt."

„Meine Freundinnen fragen mich auch immer wieder, ob ich wirklich heiraten wollte", fügte Anita hinzu. „Ich wollte heiraten, aber ich vermisse mein altes Zimmer. Mein ganzes Leben habe ich in diesem Zimmer gelebt. Meine Eltern haben es genau nach meinen Wünschen eingerichtet, und es war so schön. Schon als ich im College war, habe ich mein Zimmer so vermisst. Ich war froh, als ich nach meinem Examen wieder nach Hause ziehen konnte."

„Das sagt sie mir ständig", beschwerte sich Willy. „Und außerdem, wie sie es vermisst, mit ihrer Mutter zusammen zu frühstücken. Schließlich habe ich ihr gesagt, sie solle bloß gehen und mit ihrer Mutter frühstücken."

„Kannst du mir etwas über das Frühstück mit deiner Mutter erzählen?", fragte ich Anita.

„Gern", antwortete sie. „Mein Vater ist immer sehr früh zur Arbeit gegangen, und meine Mutter und ich haben dann zusammen gegessen, bevor ich zur Arbeit musste. Wir haben über jeden und alles gesprochen, was uns in den Sinn kam. Mir fehlt diese Zeit. Willy steht morgens auf und fährt dann gleich zur Arbeit. Ich wollte gern Frühstück für uns beide machen. Aber er hat immer Angst, dass er dann in einen Stau gerät und zu spät zur Arbeit kommt. Deshalb frühstückt er erst im Büro. Er geht, und ich muss ganz alleine essen. Da habe ich angefangen, zu meiner Mutter hinüberzufahren und wieder mit ihr zusammen zu frühstücken."

Für Anita waren Beziehungen sehr wichtig. Ohne es zu wissen, trauerte sie gerade über den Verlust ihrer Beziehung zu ihren Eltern.

„Was meinst du, in welcher Phase des Trauerprozesses du gerade bist?", fragte ich Anita, nachdem ich ihr die verschiedenen Stufen der Trauer erklärt hatte. „Erkennst du dich irgendwo wieder?"

„Ja", antwortete sie nachdenklich, „ich habe Willy dafür angeklagt, dass er nicht mit mir frühstückt. Ich habe geweint und geweint. Und ich bin depressiv geworden."

„Hast du auch irgendwelche Bedingungen gestellt?"

„Nein", meinte sie, „ich kann mich an nichts erinnern."

„Wie ist es damit: ‚O. K., ich akzeptiere den Verlust meines Zimmers und meines Elternhauses, wenn ich nur mit meiner Mutter zusammen frühstücken darf.'"

Willy und Anita lachten. „Ja", antwortete sie, „ich glaube, das waren solche Bedingungen."

„Gönne dir die Zeit, Anita, die du brauchst, um über deinen Verlust zu trauern und dich gefühlsmäßig an dein neues Zuhause zu binden. Das geschieht nicht von selbst. Und du, Willy, musst Anita diese Zeit auch einräumen."

Ich erklärte Willy und Anita die Unterschiede zwischen der Makro-Lebensauffassung des Mannes und der Mikro-Lebensauffassung der Frau (vgl. Kapitel 2). Willy war schon vor Jahren aus seinem Elternhaus ausgezogen und hatte sich längst daran gewöhnt, allein zu leben. Das war von seiner Makro-Lebensauffassung her eine Tatsache. Aber Anita mit ihrer Mikro-Lebenssicht trauerte noch über den Verlust ihrer alten Beziehungen und brauchte die Zeit, das zu tun.

„Du meinst", fragte Anita langsam, „dass ich doch nicht verrückt bin, dass es ganz normal ist, was ich fühle?"

„Ja, das ist ganz normal, und du bist nicht verrückt", versicherte ich ihr. „Wie jeder Mensch gehst du beim Übergang von einem

Lebensabschnitt zum nächsten durch eine Zeit akuter Trauer. Nur wenn du in dieser Trauer stecken bleibst und nicht vorwärts kommst, werden wir nachschauen müssen, was dich da festhält."

Wir sprachen noch darüber, wie sie anfangen konnten, eigene Familientraditionen zu bilden. Weil das Frühstück für Anita so viel bedeutete, schlug ich vor, dass sie beide es auf sich nahmen, eine halbe Stunde eher aufzustehen und dann zusammen zu essen und zu beten, bevor Willy zur Arbeit fuhr.

Nach einigen weiteren Beratungssitzungen fragte ich Anita, wie weit sie in ihrem Prozess gekommen war, sich emotional von ihrem Elternhaus zu lösen und in ihr eigenes Heim einzuziehen. „Stell dir eine Skala von eins bis zehn vor", sagte ich ihr. „Bei der Eins steht dein Elternhaus und bei Zehn dein eigenes Zuhause. Wo befindest du dich dann zur Zeit?" Nach einigem Nachdenken meinte Anita, bei der Acht.

„Und wo warst du, als du zum ersten Mal zur Beratung kamst?", fragte ich sie weiter

„Ungefähr bei zwei", antwortete sie lächelnd. „Jetzt, wo ich weiß, was mit mir los ist, kann ich akzeptieren, was ich fühle, und es verarbeiten. Ich war zuerst so durcheinander, dass ich schon fast geglaubt habe, ich wünschte mir vielleicht unbewusst, gar nicht verheiratet zu sein. Aber ich wusste, dass das nicht stimmte, und nun fühle ich mich in meinem neuen Heim schon fast zu Hause."

Jana

Jana kam wegen einiger Probleme, die sie mit ihrer heranwachsenden Tochter Michaela hatte, in die Beratung. Als sie mir ihre Geschichte erzählte, merkte ich bald, dass auch sie selbst große Schwierigkeiten hatte.

„Teil des Problems ist, dass Michaelas Vater vor fünfzehn Jahren gestorben ist", sagte Jana im Lauf unserer Unterhaltung. „Michaela hat keine Erinnerung an ihn, aber ich habe ihr immer wieder erzählt, was für einen wunderbaren Vater sie hatte."

„Hat sie denn einen neuen Vater bekommen?", fragte ich. „Oh, nein", antwortete sie, „ich würde niemals wieder heiraten, solange ich noch mit meinem Mann verheiratet bin."

„Dann ist dein derzeitiger Mann Michaelas Stiefvater?"

„Nein, du verstehst mich nicht. Ich bin immer noch mit Michaelas Vater verheiratet, seit achtzehn Jahren inzwischen. Dass er gestorben ist, heißt für mich nicht, dass ich nicht mehr mit ihm verheiratet wäre", erklärte sie und zeigte mir ihren Ehering.

„Augenblick", sagte ich verblüfft, „ich möchte dich richtig verstehen. Würdest du mir bitte noch einmal erklären, was du eben gemeint hast?", fragte ich sie.

„Gerne", antwortete sie eifrig. „Siehst du, das ist etwas, das die meisten Leute nicht verstehen. Es ist ein besonderes Geschenk, das Gott mir gegeben hat. Als mein Mann gestorben ist, bin ich zu Jesus gekommen und er hat unsere Ehe erneuert."

„Bitte erzähle mir vom Tod deines Mannes", bat ich sie freundlich.

Während der Zeit der Hippiebewegung hatten Jana und ihr Freund auf ihre eigene Art und Weise Liebe an die Leute um sich herum weitergegeben. Sie experimentierten mit Marihuana und LSD und waren davon überzeugt, dass Liebe alle Probleme der kranken Welt heilen würde.

Trotzdem war ihr Start in die Ehe recht steinig. Jana hörte auf, Drogen zu nehmen, als sie schwanger wurde, und sie wollte sich irgendwo niederlassen. Aber ihr Ehemann war dazu noch nicht bereit. Nach Michaelas Geburt wurde er gewalttätig und Jana zog mit ihrem Baby aus. Schließlich willigte sie in die Scheidung ein und nahm, nachdem sie die Scheidungspapiere unterzeichnet hatte, traurig ihren Ehering vom Finger und legte ihn beiseite. In ihrem Kummer suchte sie Kontakt zu einer Kirche. Dort wurde Jana zu Jesus geführt und fing ein neues Leben mit ihm an.

Kurz danach kam ihr Ex-Ehemann bei einem Unfall ums Leben. Jana hatte sich bis dahin von seinen Unterhaltszahlungen für das Kind mühsam über Wasser halten können, und nun stand sie plötzlich vor dem Nichts. Doch dann erfuhr sie zu ihrer Überraschung, dass ihr Mann die Scheidungsurkunde nie unterzeichnet hatte. Sie war tatsächlich noch mit ihm verheiratet gewesen und bekam deshalb die volle Witwenrente.

„Verstehst du?", fragte Jana. „Gott hat auf diese Weise unsere Ehe wieder hergestellt. Ich war so dankbar, dass ich meinen Ehering wieder ansteckte und Gott versprach, meinem Mann immer treu zu bleiben."

Der Schock, der Kummer und die Schuldgefühle bei dem plötzlichen Tod ihres Ex-Ehemannes und wenig später die Erleichterung darüber, dass die Scheidung nicht rechtskräftig geworden war und sie deshalb Anspruch auf Witwenrente hatte, hielten Jana in der Leugnungsphase ihrer Trauer fest. Als ich ihr vorschlug, mit ihr gemeinsam ihren Schmerz und ihren Trauerprozess näher anzuschauen, kam sie nicht wieder.

Luise und Lothar

Luise war in tiefem Schock. Vier Wochen vor unserem Treffen hatte Lothar ihr völlig unverhofft die Scheidungspapiere vorgelegt. Als Grund hatte er seelische Grausamkeit angeführt. Sie lebten noch zusammen, und hin und wieder war er noch immer zärtlich zu ihr, was sie erst recht durcheinander brachte. Sie hatte schon einen Rechtsanwalt aufgesucht, weil Lothar alles so schnell wie möglich hinter sich bringen wollte – genau wie bei seinen vorangegangenen vier Scheidungen.

„Ich kann das nicht glauben! Ich kann das einfach nicht glauben!", schrie Luise immer wieder. „Wie kann er mir das antun? Was ist aus diesem freundlichen Mann geworden, den ich vor zwei Jahren kennen gelernt habe? Bevor wir geheiratet haben, hat er mir gesagt, er wolle sich niemals, niemals wieder scheiden lassen. Ich habe ihm alles gegeben, was ich hatte, und nun will er mich einfach nur noch loswerden. Ich kann es nicht glauben! Wie kann er so grausam sein?"

Luise war in dem Stadium des Trauerprozesses, in dem kein Trost den Schmerz verringern kann. Alles, was wir tun können, ist, mit den Menschen zu weinen.

„Das tut mir so Leid für dich", war deshalb alles, was ich Luise sagte, als sie schluchzend in meinem Sprechzimmer saß. Als sie sich ein wenig beruhigt hatte, ermutigte ich sie, mir noch einmal zu erzählen, was geschehen war, immer wieder von vorne, solange sie das Bedürfnis dazu hatte.

Luise und Lothar hatten sich beim Sporttauchen kennen gelernt und bald festgestellt, dass sie noch viele andere gemeinsame Interessen hatten. Luise hatte sich immer gewünscht, ein richtiges Heim zu haben mit einem Ehemann, den sie versorgen, für den sie kochen, waschen und bügeln konnte, einen Mann, mit dem sie eine so tiefe Beziehung aufbauen konnte, wie das sonst mit niemandem möglich war. Lothar hatte ihr versichert, dies sei genau das, wonach auch er sich sehne und was er in keiner seiner Ehen erlebt habe.

„Wie konnte ich nur so dumm sein zu meinen, ihn schon zwei Monate nach unserem ersten Zusammentreffen genau genug zu kennen, um ihn heiraten zu können", schluchzte Luise immer wieder. „Er war so zärtlich und so fürsorglich zu mir, dass ich mich in ihn verliebt habe. Ich dachte, das wäre endlich der Mann, den Gott für mich im Blick hatte. Ich habe mich so gemüht, Lothar glücklich zu machen."

„Das schmerzt sehr, nicht wahr?", sagte ich teilnahmsvoll. „Du fühlst dich zurückgestoßen, gebraucht und weggeworfen, als ob du ein wertloses Stück wärest wie ein alter Scheuerlappen, stimmt es?"

„Ja", schluchzte sie, „genauso fühle ich mich."

Ich erklärte Luise, dass ihr Schmerz wie in gewaltigen Wellen immer wieder in ihr aufsteigen würde. Sie brauchte Menschen, mit denen sie über ihren Schmerz und ihren Kummer sprechen konnte und die ihr zur Seite standen. Aber keiner ihrer Freunde konnte ständig bei ihr sein, und sie konnten sie auch nur von außen trösten. Doch Gott, der der Gott allen Trostes ist, wollte sie von innen her trösten.

„Wenn diese Wellen von Schmerz, Schock und Wut in dir hochsteigen, wirf sie auf Jesus und atme seinen Frieden ein", ermutigte ich sie. „Sage ihm: ,Ich kann diesen Schmerz nicht aushalten und werfe ihn jetzt auf dich und ich atme dafür deinen Frieden ein.' Mache es buchstäblich so, dass du deinen Schmerz ausatmest und dann langsam einen tiefen Atemzug von seinem Frieden einatmest. Wenn der Schmerz wieder hochkommt – was geschehen wird –, atme ihn wieder aus und atme den Frieden Jesu dafür ein, immer und immer wieder."

Manchmal sagen Leute: „Wenn du deinen Schmerz wirklich auf Jesus geworfen hast, brauchst du nur noch zu glauben, dass er ihn auch trägt. Wenn du es noch einmal von vorne tun musst, glaubst du einfach nicht genug." Aber das ist eine verkehrte Sicht.

Ich erklärte Luise, dass wir mindestens sechzehn- bis zwanzigmal in der Minute Atem holen. Es ist kein Mangel an Glauben, wenn wir nicht nur einmal am Morgen genug für den ganzen Tag einatmen. Dass wir den ganzen Tag über sechzehn- bis zwanzigmal in der Minute atmen, zeigt einfach, dass wir am Leben sind.

„Das gilt auch, wenn du den Schmerz, der immer wieder in dir hochkommt, jedesmal wieder auf Jesus wirfst und dafür seinen Frieden einatmest", versicherte ich Luise. „Das ist kein Mangel an Glauben. Es zeigt, dass du deinen Glauben lebst. Du hast so viel Hoffnung, Vertrauen und Glauben, dass du jedesmal wieder zu Jesus kommst, wenn du seinen Frieden und seine Gnade brauchst. Du glaubst ihm, dass er für dich da ist, so oft du ihn auch brauchst."

Luise brauchte mehrere Monate, um sich an all die Einzelheiten ihrer Beziehung zu Lothar zu erinnern und darüber zu sprechen, was für Hoffnungen sie für ihre Ehe gehabt hatte und wie ihre Beziehung zerbrochen war. Eins nach dem anderen brachte sie zu Jesus und arbeitete sich gleichzeitig mit kleinen Schritten durch die Stationen ihrer Trauer, bis sie ihr Leben auf eine Zukunft ohne Lothar hin neu orientieren konnte.

In Übergangskrisen und Trauerphasen ist die Ehe besonders gefährdet. Manchmal sind die Probleme, die dann auftreten, so tief greifend, dass sie zu einer Trennung oder sogar zur Scheidung führen können. Eins davon ist die Depression, die als vierte Station zum Trauerprozess gehört. Im nächsten Kapitel werden wir uns näher damit befassen.

Kapitel 6
Gefährdete Beziehungen

In jeder Ehe müssen die Partner Übergangskrisen und Verluste überwinden. Aber in manchen Ehen scheint die Gefahr, dass diese Krisen zu einer Trennung oder Scheidung führen, besonders groß zu sein. In diesem Kapitel werden wir uns zwei der möglichen Ursachen dafür anschauen.

Depression

Es gibt verschiedene Formen der Depression und eine davon gehört, wie wir bereits gesehen haben, zum Trauerprozess. Wer diese Phase durchlebt, fühlt sich niedergeschlagen, traurig und teilnahmslos. Aber nach einem Monat oder vielleicht zwei, drei Monaten beginnt die Dunkelheit sich zu erhellen, das Leben wird wieder interessant, der dunkle Tunnel endet.

Doch wenn die Depression sich wie in einer Spirale immer tiefer hinab dreht, werden die Gefühle wie in einem Gefängnis eingeschlossen. Man fühlt dann nicht mehr wie früher. Es ist, als ob bestimmte Gefühle für immer abgestorben wären und nichts sie wieder beleben könne. Dieser „emotionale Tod" führt immer tiefer hinab in unvorstellbare Dunkelheit und Leere.

Das Leben verliert seinen Reiz, die Arbeit wird zur Qual, Müdigkeit und Teilnahmslosigkeit lähmen und zwanghafte Gedanken füllen den Verstand. Bei dieser Abwärtsspirale wird unter anderem das Gefühl der Liebe und Zuneigung zum Ehepartner abgeschnitten und gleichzeitig die Fähigkeit, die Liebe des anderen zu empfinden. Selbst Gott scheint Ewigkeiten weit entfernt und der Glaube abgestorben zu sein.

Der Nachtschlaf ist gestört, es wird immer schwieriger, morgens aus dem Bett aufzustehen. Manche Patienten werden appetitlos und nehmen ab, andere fangen zwanghaft an zu essen und nehmen stark zu. Sie wollen ihrer Situation entfliehen oder irgendwo für sich allein dahinvegetieren. Schließlich sehen sie sich selbst nur noch als eine Last für ihre Familie und für die ganze Welt. Sie beginnen sich zu fragen, ob es nicht für sie und alle Mitbetroffenen besser wäre, wenn sie einen Schlussstrich ziehen, einfach aus dem Leben verschwinden, um so jedermann von der Last zu befreien, zu der sie geworden sind. Wenn kleine Kinder zur Familie gehören, ist die Liebe und Fürsorge für sie oft eins der letzten Gefühle, das noch intakt bleibt. Das ist manchmal alles, was einen schwer Depressiven noch davon abhält, sich das Leben zu nehmen.

Diese Lähmung der Gefühlswelt kann schlimme Auswirkungen haben. Denn wer depressiv ist und deshalb keine Liebe mehr zum Ehepartner empfindet, fühlt sich deshalb leicht zu mitfühlenden Menschen hingezogen, beispielsweise zu einem Kollegen oder einer Kollegin, die Verständnis für seine Verfassung und Situation zeigen. Mit jenem „mitfühlenden Menschen" zu sprechen kann bei dem Depressiven einen Adrenalinstoß auslösen, der ihm für kurze Zeit das Gefühl gibt, wieder lebendig zu sein. Manchmal geht er dann, um dieses angenehm belebende Gefühl wieder zu empfinden, eine immer engere Beziehung ein, bis er sich schließlich – zu spät – in eine Affäre verwickelt sieht, die er nie gewollt hat.

Erschwerend kommt oft hinzu, dass die oder der Depressive selbst nicht merkt, wie krank er ist. Er möchte nur einfach aus allem raus, weglaufen, verschwinden, allein über alles nachdenken. Bei ihm selbst ist nichts verkehrt, meint er, und er braucht auch keine Medikamente. Nur die Menschen um ihn herum regen ihn auf, und sein Ehepartner versteht ihn nicht.

Für Ehepartner von depressiven Menschen ist dies eine qualvolle Zeit. Sie sehen, wie sich der Mensch, den sie lieben, verändert, und sie dagegen vollkommen machtlos sind. Er erscheint ihnen auf einmal wie ein Fremder, beschuldigt sie für seine schlechten Gefühle, hackt auf Dingen herum, die er früher leicht genommen hat oder gräbt alte Streitpunkte aus, die schon längst erledigt waren. Bei den Angehörigen steigern sich dann Verwirrung, Schuldgefühle und hilfloser Zorn. „Was habe ich nur verkehrt gemacht", fragen sie sich und wissen zugleich, dass niemand diese Frage beantworten kann. Am liebsten möchten sie um sich schlagen und dem Depressiven etwas Verstand in den Kopf hineinrütteln.

Mancher resigniert schließlich vor dieser untragbaren Situation und entschließt sich, den Partner zu verlassen: „Wenn er mich nicht mehr liebt, kann ich ja ausziehen, dann merkt er wenigstens, wie es ist, wenn er mich nicht mehr hat."

Daniel und Tina

Daniel neigte von Natur aus zu Depressionen, hatte aber gelernt, mit dieser Veranlagung zu leben. Doch eines Tages versetzte ihn seine Firma in ein neues Büro in einem anderen Ort, und dort war er sehr viel mehr Stress ausgesetzt. Einige Monate nach dem Umzug begann er, immer später von der Arbeit nach Hause zu kommen und sich immer mehr von seiner Familie zurückzuziehen. Wenn Tina ihn fragte, was los sei, behauptete er, sein Arbeitspensum sei nicht anders zu schaffen. An den Sonntagen war er meist zu müde, um mit Tina und den Kinder zur Kirche zu gehen.

Die Verständigung zwischen Daniel und Tina wurde immer schwieriger. Daniel kam immer später nach Hause, ging dann, ohne ein Wort mit ihr zu sprechen, ins Bett und drehte ihr den Rücken zu. Tina wusste nicht, was sie davon halten sollte, und bat ihn immer wieder unter Tränen, ihr zu sagen, was er plötzlich gegen sie habe. Als er dann eines Tages endlich dazu bereit war, sagte er ihr nur, er wisse nicht, was er überhaupt noch für sie fühle. Er brauche Zeit, um allein über ihre Beziehung und ihre Ehe nachzudenken. Er habe festgestellt, dass er mit ihr nie glücklich gewesen sei und sie einfach nicht mehr so wie früher liebe. Er wolle nicht ausziehen, damit die Kinder nicht in Mitleidenschaft gezogen würden, aber sie solle nichts mehr von ihm als Ehemann erwarten.

Tina war am Boden zerstört. Daniel war immer liebevoll und zärtlich zu ihr und den drei Kindern gewesen. Ihr Pastor hatte sie oft als Beispiel dafür genannt, wie eine christliche Familie sein sollte. Daniel hatte früher in der Musikgruppe der Kirche mitgespielt. Jetzt sagte er, er sei sich nicht mehr sicher, ob Gott überhaupt existiere. Schließlich verschlimmerte sich seine Depression so sehr, dass er ins Krankenhaus musste.

Daniel war noch nicht lange aus der Klinik zurück, als Tina in seinem Auto einen kleinen Liebesbrief fand. Sie konfrontierte ihren

Mann damit, aber Daniel versicherte ihr, das habe nichts zu bedeuten, diesen Zettel habe ihm jemand als Dank für einen Gefallen geschrieben, den er ihm getan hatte.

Tina glaubte ihm nicht, und bald fand sie weitere verdächtige Anzeichen. Schließlich gab Daniel zu, dass er sich mit einer anderen Frau traf. Mit ihr zusammen fühle er sich erfüllt und glücklich. Tina sei für ihn nur noch eine Freundin. Trotzdem wollte er nicht ausziehen, damit die drei Kinder nicht ohne Vater aufwüchsen. Aber er wolle nicht mehr Tinas Ehemann sein, denn alles, was sie je von ihm erwartet habe, sei nur Geld, Geld und nochmal Geld gewesen. Er habe sich von ihr nie wirklich geliebt gefühlt. Nun habe er eine Frau gefunden, die ihn brauche und die ihm ein gutes Gefühl gebe. Tatsächlich fühle er sich so gut, dass er aufgehört habe, seine Medikamente gegen die Depression zu nehmen.

Tina war tief verletzt, aber sie gab nicht auf, sondern kämpfte um ihre Ehe. Sie versuchte freundlicher zu Daniel zu sein, sagte ihm, wie schlecht sie sich fühle, wie verunsichert die Kinder waren, las ihm Bibelverse vor und hielt ihm „Predigten". Es nützte alles nichts. Als Daniels Depression sich wieder vertiefte, wandte er sich nur immer weiter von ihr ab. Schließlich musste er wieder ins Krankenhaus und erneut mit Medikamenten behandelt werden.

Tina sprach mit Daniels Psychiater, der selbst schon in seiner dritten Ehe lebte. Sie meinte, er könne ihr vielleicht helfen, ihre Ehe zu retten. Aber sein Rat an Daniel war: „Oh, schick sie nur weg und mach, was dir gefällt." Daniel konnte noch immer seine Berufsarbeit ausführen. Deshalb meinte er, dass er keine Psychotherapie brauche. Aber er war schließlich damit einverstanden, Tina um ihretwillen zu einer Therapie zu begleiten.

Als Tina und Daniel zu mir kamen, erklärte ich ihnen, dass die Depression eine Krankheit ist, die die Gefühle beeinträchtigt. Wenn Daniel zurzeit keine Liebe für Tina mehr empfinden konnte, hieß das also nicht, dass seine Liebe zu ihr tot war, denn Liebe und Wertschätzung, die über eine so lange Zeit gewachsen sind, sterben nicht so plötzlich. Allerdings konnte er, weil er eine schwere Depression hatte, seine Liebe zu Tina zurzeit nicht fühlen. Die „Liebe" zu jener anderen Frau, die so plötzlich aufgeflammt war, sei dagegen wahrscheinlich nichts weiter als der Adrenalinstoß einer Verliebtheit.

Solange die Depression anhielt, konnte niemand etwas daran ändern, dass Daniel zurzeit keine Liebe zu Tina mehr empfand. Und auch Tina konnte ihre Gefühle nicht ändern. Aber beide konnten überlegen, wie sie diese Gefühle werten und mit ihnen umgehen wollten. Tina konnte akzeptieren, dass Daniel sich nur durch seine Krankheit so verändert hatte, und sich deshalb entschließen, ihn nicht ständig dafür zu beschimpfen, dass er sie nicht mehr liebte. Daniel konnte sich entschließen, sich nicht mehr mit der anderen Frau zu treffen und die zwanghaften Gedanken, dass er Tina nicht liebe, ihr gegenüber nicht auszusprechen, sondern freundlich mit ihr zu reden.

„Aber wenn ich freundlich mit ihr spreche, obwohl ich mich nicht danach fühle, dann ist das doch nur geheuchelt", protestierte er.

„Gut, wir wollen darüber nachdenken", sagte ich. „Fühlst du dich immer danach, morgens aufzustehen und zur Arbeit zu fahren?"

„Nein", antwortete Daniel.

„Nun, warum bleibst du dann nicht im Bett? Ist das nicht reine Heuchelei, wenn du zur Arbeit gehst, obwohl du dich nicht danach fühlst?"

„Nein", antwortete er nachdenklich, „ich muss doch meine Familie versorgen."

„Gut", antwortete ich, „dann ist das auch keine Heuchelei, wenn du die Muskeln deines Mundes und deine Stimme dazu bringst, Tina nette und freundliche Worte zu sagen, auch wenn du dich zurzeit nicht danach fühlst. Und es ist auch keine Heuchelei, wenn du deinen Armen befiehlst, sich hoch zu heben und Tina gelegentlich einmal zu drücken. Gott sagt, dass es deine Aufgabe als Mann ist, deine Frau zu lieben, und zwar nicht nur dann, wenn du dich danach fühlst (Epheser 5,25). Dazu kannst du dich genauso entschließen, wie du dich morgens entschließt, aus dem Bett aufzustehen und zur Arbeit zu gehen, obwohl du dich nicht danach fühlst."

„Aber ich würde überhaupt nichts dabei empfinden, wenn ich freundlich mit ihr redete und sie in den Arm nähme", wehrte er sich.

„Natürlich nicht", antwortete ich. „Denn die Depression ist eine Krankheit, die deine Gefühle lähmt. Zurzeit kannst du nichts für Tina empfinden, und du solltest ihr das auch nicht sagen. Aber du kannst sagen: ‚Auch wenn ich im Augenblick keine Liebe für dich empfinde, will ich freundlich zu dir sein.'"

Ich erklärte ihnen beiden, dass eine Depression wie eine abwärts führende Spirale ist, bei der ein Gefühl nach dem anderen gelähmt wird. Aber mit Medikamenten und Therapie kann diese Spirale umgedreht werden, und dann wird ein Gefühl nach dem anderen wieder erwachen, wobei die Liebe zum Ehepartner eins der letzten Gefühle ist, das wieder lebendig wird.

„Tina", wandte ich mich an sie, „denke immer daran, dass Daniels Gefühle durch seine Depression beeinträchtigt sind. Wenn er dir sagt, dass er dich nicht liebt, dann spricht seine Krankheit aus ihm. Er kann seine Liebe zu dir wirklich zurzeit nicht fühlen. Doch das bedeutet nicht, dass sie gestorben ist. Niemand weiß, wie lange es dauern wird, bis sich die Abwärtsspirale seiner Depression umkehrt und wieder aufwärts führt, und er schließlich seine Liebe zu dir wieder fühlt. Aber du solltest das nicht früher erwarten, als in etwa einem Jahr. Wenn seine Gefühle für dich eher wieder aufwachen, dann wird das eine wunderbare Überraschung für dich sein."

Das traf Tina wie ein Berg Steine. „Ein ganzes Jahr lang kann ich nicht mehr durchhalten! Es ist zu schwer. Ich brauche seine Liebe und Zuneigung."

„Ja Tina, das stimmt", antwortete ich. „Das durchzustehen, schaffst du nur mit Gottes Gnade. Behalte immer im Auge, dass Daniel eine Krankheit hat, die behandelt werden kann, wenngleich es noch einige Zeit dauern kann, bis es ihm wieder besser geht. Wenn das schließlich so weit ist, bist du vielleicht so erschöpft, dass du selbst auch in eine Depression hinein gleitest und dann nicht mehr spürst, was du für Daniel fühlst. Und jetzt brauchst du Hilfe dabei, die Trauer und den Schmerz darüber auszuhalten, dass er dir zurzeit keine Liebe und Zärtlichkeit zeigen kann."

Im Lauf der nächsten acht Monate musste Daniel noch einmal ins Krankenhaus, weil er wieder aufgehört hatte, seine Medikamente zu nehmen. Die andere Frau wurde immer aggressiver. Sie rief Tina an und kam einmal sogar zu ihrem Haus, um Daniel abzufangen. An diesem Punkt war Tinas Geduld zu Ende, und sie forderte Daniel auf, sich zwischen ihr und dieser anderen Frau zu entscheiden: Entweder müsse er mit der anderen Frau brechen oder ausziehen. Daniel packte seinen Koffer und verließ das Haus, um bei seiner Freundin einzuziehen. Aber als er dort den Koffer auspacken wollte, konnte er

nur noch weinen, weil er an seine drei kleinen Jungen denken musste, und kehrte bald zurück. Das konnte Tina nicht mehr verkraften.
Sie nahm sich „Ferien" von ihm und zog mit den drei Kindern für einige Wochen zu ihren Eltern.

Als Daniel allein war, wurde ihm immer deutlicher bewusst, was
er verspielt hatte. Er sagte Tina, dass er sein Heim und seine Familie
nicht verlieren wolle und dass er sich für sie beide noch eine Chance
wünsche. Er sei bereit, die Beziehung zu der anderen Frau abzubre-
chen und seine Medikamente weiterhin zu nehmen, auch wenn er
das Gefühl habe, sie nicht zu brauchen.

Tina kehrte mit den Kindern nach Hause zurück. Beide nahmen
sich vor, noch einmal ein halbes Jahr lang alles zu tun, um ihre Ehe
zu retten.

Gemeinsam überlegten wir Strategien, die ihnen beiden helfen
konnten, wieder aufeinander zu zu gehen. So wollte Daniel versuchen, sich Tina gegenüber freundlich zu verhalten, auch wenn er seine zwanghaften Gedanken nicht daran hindern konnte, in seinem
Kopf herumzuspuken. Sie beschlossen, wieder gemeinsam zur Kirche zu gehen, und Tina wollte Daniel keine Vorwürfe machen, wenn
er sich manchmal nicht dazu in der Lage fühlte. Tina nahm sich vor,
sich nicht mehr in Daniels Zwänge hineinziehen zu lassen, wenn
seine fixen Ideen zeitweise wieder überhand nehmen sollten, und
er ihr dann wieder sagte, dass er sie nicht liebe. Statt zurückzu-
schlagen, wollte sie ihn dann fragen: „Hast du heute einen schweren
Tag gehabt?" Daniel wollte dann versuchen, über das zu sprechen,
was den Druck verursacht hatte, statt über seine zwanghaften Gedanken.

Als ersten Schritt brach Daniel die Beziehung zu der anderen Frau
wirklich ab. Aber die wollte ihn nicht verlieren und kämpfte um ihn.
Tina fiel es nicht leicht, Daniel wieder zu vertrauen. Immer wieder
plagte sie der Zweifel, ob er die Verbindung wirklich abgebrochen
hatte. Wie konnte sie ohne die Spur eines Zweifels wissen, dass er
ihr nie wieder untreu würde?

„Tina", erklärte ich ihr, als wir darüber sprachen, „dein Vertrauen
zu Daniel ist bis auf den Grund erschüttert worden. Du weißt nun,
wie versuchlich er ist und dass nur Gott ihn treu erhalten kann. Aber
das war schon vorher der Fall, es war dir nur nicht voll bewusst. Und

das gilt nicht nur für Daniel, sondern auch für dich und mich. Auch von uns wissen wir nicht ohne die Spur eines Zweifels, ob wir immer treu bleiben werden. Denn Daniel, du und ich, wir sind Menschen. Nur die Gnade Gottes kann uns treu erhalten. Wenn wir das vergessen und zu selbstsicher werden und dann meinen, eine bestimmte Sache könne uns niemals passieren, gerade dann sind wir in der größten Gefahr, darauf hereinzufallen.

Wenn Daniel da herauskommt, wird ihm klar sein, dass nur Gott ihn treu erhalten kann, dass er das keinesfalls selbst schafft und er deshalb vor allem anderen auf seine Beziehung zu Gott achten muss. Denn wenn er das nicht tut, wird es mit ihm wieder abwärts gehen. Wenn die Zeit vergeht und du siehst, wie Daniel auf Gottes Wegen geht, wird dein Vertrauen zu ihm wieder wachsen."

Als Daniel seine Medikamente wieder regelmäßig einnahm und sein Denken wieder klarer wurde, entdeckte er, dass das Leben auf einmal nicht mehr so dunkel aussah. Er schloss sich wieder der Musikgruppe in seiner Kirche an und merkte, dass ihm das gut tat. Auch Gott schien ihm nicht mehr so fern zu sein. Langsam lichtete sich seine Depression, und Schritt für Schritt spürte er, wie seine Liebe zu Tina wieder erwachte.

Als drei Monate vorüber waren, berichtete Tina strahlend: „Ich sehe, wie Daniel sich wirklich müht. Manchmal kommen seine fixen Ideen wieder zum Vorschein, aber er strengt sich an, ihnen nicht nachzugeben. Sogar die Kinder spüren die Veränderung. Ich kann kaum glauben, was geschieht!"

Aber als sie wenige Wochen später zur Beratung zu mir kamen, war Tina wieder in Tränen aufgelöst. „Ich weiß nicht, was mit mir los ist. Ich glaube, du hast mich davor gewarnt, aber ich habe es nicht für möglich gehalten. Ich weiß einfach nicht, was ich noch für Daniel fühle. Ich mag es nicht mehr, dass er mich berührt. Ich bin so müde, dass ich überhaupt nichts mehr fühlen kann. So etwas habe ich noch nie erlebt. Ich kann einfach nicht mehr weiter."

Daniels Depression hatte sich so weit gebessert, dass Tinas Anspannung nachließ. Nun glitt sie selbst immer tiefer in eine Depression. Sie brauchte eine Zeit der Ruhe und Medikamente.

„Nun, Daniel", wandte ich mich an ihn, „dir geht es so viel besser, dass sich sogar dein Gesichtsausdruck verändert hat. Aber nun ist

Tina unten. Du musst sehr lieb und verständnisvoll mit ihr umgehen. Sie kann einfach nichts mehr fühlen – du weißt, wie das ist."

„Ja, das weiß ich nur zu gut", nickte er ernst. „Es ist bestimmt kein Spaß."

„Nein, sicher nicht", antwortete ich. „Nun musst du im Kopf behalten, dass Tina krank ist und ihr geholfen werden kann und sie da wieder herauskommen wird. Genau, wie es bei dir damals war, kann Tina ihre Liebe zu dir im Augenblick nicht fühlen. Aber das bedeutet nicht, dass ihre Liebe gestorben ist, sie ist nur in der Depression eingeschlossen.

Eure Beziehung zueinander ist durchs Feuer gegangen und kommt nun langsam wieder heraus. Tina hat inzwischen so viel emotionales Vertrauen zurückerlangt, dass sie all die Gefühle zulassen kann, die sich während der vergangenen anderthalb Jahre in ihr angehäuft haben. Wenn sie das durchgestanden hat, wird sie ihre Liebe zu dir wieder fühlen. Und dann liegen vielleicht die besten Jahre eurer Ehe noch vor euch."

Es vergingen noch einige Monate, bevor Daniels und Tinas Ehe wieder stabil wurde. Sie mussten es lernen, ihre Beziehung zu pflegen und zu schützen, Zeit allein miteinander zu verbringen, ihre Liebe und Wertschätzung füreinander auszudrücken und den anderen nie als sicheren Besitz anzusehen. Der letzte Kontakt, den ich mit ihnen hatte, war ein Telefongespräch mit Tina.

„Ich rufe nur an, um dir zu sagen, wie es uns geht", sagte sie. „Ich fühle mich fast wieder normal, Daniel geht es gut, und unsere Beziehung zueinander blüht wieder auf. Auch unsere Jungen fühlen den Unterschied. Sie sind ruhiger geworden. Wenn Daniel nach Hause kommt, dann umarmen und drücken sie ihn wieder und sagen ihm, dass sie ihn lieben. Wir sind wie durch einen dunklen Tunnel gegangen, aber nun kommen wir am anderen Ende wieder heraus. Wir konnten sogar einigen anderen Ehepaaren helfen, die in ähnlichen Schwierigkeiten waren."

Daniels und Tinas Ehe konnte gerettet werden. Aber viele andere brechen auseinander, weil die Partner während dieser Krisenzeit Entscheidungen getroffen haben, die sie später nicht mehr rückgängig machen konnten. Der Mann oder die Frau fordern die Scheidung und beginnen mit hohen Erwartungen eine neue Beziehung, nur um am Ende ein weiteres Desaster zu erleben.

Das Familienerbe

Ein weiterer Grund, warum manche Ehen besonders gefährdet sind, ist ihr Familienerbe. In manchen Familien gibt es tatsächlich seit Generationen immer wieder Ehekatastrophen.

Wie man in Beziehungen miteinander umgeht und Konflikte löst, wie man sich als Ehefrau oder Ehemann verhält, als Vater oder Mutter, lernen wir von unseren Eltern. Sie prägen unsere Modellvorstellungen davon. Durch ihr Verhalten entstehen in unserem Unterbewusstsein grundlegende „Gewusst-wie"-Videos, die uns später in entsprechenden Situationen steuern. Wenn unsere Eltern sich bei Meinungsverschiedenheiten gestritten haben, sich anschrien und sich gegenseitig misshandelt haben, zum Alkohol geflüchtet sind, sich getrennt haben oder sich scheiden ließen, dann wird das auch zu unserer Strategie in Konflikten. Haben sie dagegen über Streitpunkte miteinander gesprochen, überlegt und miteinander verhandelt, schlagen auch wir später diesen Weg ein.

Auch wenn uns nicht gefällt, was wir in unserem Elternhaus erlebt haben, und wir uns deshalb vornehmen, eine bessere Ehe aufzubauen, steuern uns doch, ohne dass wir es merken, die alten „Gewusst-wie"-Videos aus unserer Kindheit. Wenn uns schließlich bewusst wird, dass wir genau das tun, was wir nie wollten – nämlich wiederholen, was wir bei uns zu Hause gesehen und erlebt haben –, dann ist das meist eine bittere Erkenntnis. Vielleicht versuchen wir dann, nicht mehr nach diesen Videos zu handeln. Aber weil wir keine anderen haben, die uns zeigen, wie wir mit bestimmten Situationen konstruktiv umgehen können, gelingt uns das nicht, und wir lassen am Ende vielleicht die Dinge doch einfach wieder laufen. Dann beginnt das alte Karussell wieder von vorn: Schmerz, Ärger und Groll werden so lange angehäuft, bis wir eines Tage erneut explodieren und die alten Verhaltensmuster wiederholen.

Viele Christen sind bestürzt, wenn sie das erleben. Sie meinen, wenn jemand Jesus annimmt, würden automatisch alle alten „Gewusst-wie"-Videos gelöscht und dafür neue geschaffen, die zu völlig neuem Verhalten in der Beziehung zueinander führen. Wenn sie dann merken, dass alte Beziehungsprobleme sich nicht wie durch einen Zauber auflösen, sind sie überrascht und verunsichert. So erging es auch Michael und Susanne.

Michael und Susanne

Michael und Susanne waren überzeugt, dass es ihnen endlich gelingen würde, eine gute Ehe aufzubauen. Susanne war schon zweimal verheiratet gewesen und Michael dreimal. Aber weil sie nun beide Jesus als ihren Herrn aufgenommen hatten, dachten sie, dass diese neue Ehe nicht wieder scheitern würde. Doch nach kurzer Zeit tauchten in ihrer Beziehung die gleichen Probleme auf, die sie schon aus ihren früheren Ehen kannten. Deshalb kam Michael zu mir in die Beratung.

Als er mir seine Familiengeschichte erzählte, wurde bald klar, warum er solche Schwierigkeiten hatte. Michaels Großvater hatte zu einer Zeit zu Jesus gefunden, als in seinem Land evangelische Christen noch wegen ihres Glaubens verfolgt wurden, und war dann Evangelist geworden. Er hatte mit seiner Frau zusammen seine zehn Söhne und Töchter von frühester Kindheit an im Glauben erzogen und sie mit in die Kirche genommen. Alle Kinder hatten Jesus bewusst in ihr Leben aufgenommen, waren aber bis auf eine Tochter später wieder in ein Leben ohne Gott zurückgefallen. Auch Michael hatte als Kind mit Jesus gelebt, war aber als Teenager vom Glauben abgekommen. Er hatte sich in Guerillaaktivitäten verwickelt und sich verschiedenen Drogenbanden angeschlossen. Von den etwa sechzig Männern aus seiner ersten Bande war er der Einzige, der nicht eines gewaltsamen Todes gestorben war.

„Ich war in so viel Gewalt verwickelt", erinnerte sich Michael. „Aber Gott hat mich beschützt, obwohl ich damals nichts von ihm wissen wollte. Schließlich wurde mir klar, dass ich zu ihm zurückkehren musste, wenn ich am Leben bleiben wollte."

Alle seine Ex-Frauen und auch die Frauen, mit denen er unverheiratet zusammengelebt hatte, waren verhärtete Frauen von der Straße gewesen. „Es waren diese harten Frauen, die mich anzogen", sagte er, „und ich hatte buchstäblich jede Nacht eine andere. Aber nun möchte ich eine christliche Familie haben. Meine anderen Kinder leben alle verstreut mit ihren Müttern zusammen. Aber für diese beiden Kleinen, die Gott Susanne und mir geschenkt hat, möchte ich ein richtiger Vater sein. Wir hatten so gute Pläne und Vorsätze. Doch nun streiten wir uns ständig, und ich bin kurz davor auszuziehen. Ich dachte, weil wir beide Jesus gehören, würde es dieses Mal anders laufen."

„Erzähl mir von der Beziehung deiner Eltern", sagte ich. „Wie war ihre Ehe?"

„Sie haben sich auch ständig gestritten. Mein Vater ging an den Wochenenden meist „verloren". Manchmal kam er mehrere Tage hintereinander nicht nach Hause. Und wenn er kam, dann war er betrunken und brach einen Streit vom Zaun. Manchmal hat er meine Mutter geschlagen, und ich habe dann versucht, dazwischen zu gehen. Er war eigentlich ganz in Ordnung, wenn er nicht trank, aber er hatte immer nebenher noch eine andere Frau – und meine Mutter wusste es."

„Und deine Onkel und Tanten? Wie waren ihre Ehen?"

„Es war bei allen die reinste Katastrophe. Trennungen, andere Frauen, Streit, wieder zusammenziehen, so war es bei allen. Das heißt, außer bei einer Tante. Sie hatten eine gute Ehe, aber ihr Mann starb jung und sie hat nie wieder geheiratet."

„Und ihre Kinder?"

„Sie hatte keine Kinder. Sie war die älteste von den zehn Geschwistern und hat immer versucht, für die ganze Familie zu sorgen. Einmal hat sie sogar ein paar von meinen Kindern bei sich aufgenommen, als das Jugendamt sie von ihrer Mutter wegnahm und ich mich weigerte, sie zu mir zu nehmen."

„Wie war denn dein Großvater, bevor er gläubig wurde", fragte ich ihn weiter.

„Oh, davon haben sie viele Geschichten erzählt. Das war vielleicht ein Kerl!", sagte Michael kichernd. „Dauernd hat er es mit anderen Frauen getrieben, hat getrunken, ist von einer Party zur anderen gegangen. Aber als er sich bekehrte, ließ er das alles hinter sich. Er wurde wirklich ein anderer Mensch."

„Und wie hast du sein Wesen erlebt?"

„Es war nicht so einfach mit ihm. Er war sehr streng", antwortete

Michael nachdenklich, „und er wollte immer alles unter Kontrolle haben. Nur was er dachte und sagte war richtig, und da musste man sich unterordnen und gehorchen. Trotzdem sind durch ihn viele Menschen zu Jesus gekommen."

„Weißt du auch etwas von deinem Urgroßvater?", wollte ich nun wissen.

„Mein Urgroßvater!", rief er aus. „Dieser Mann! Das war vielleicht ein Typ! Er hatte dreiundsechzig Kinder, das heißt, die er als seine Kinder anerkannt hatte. Wir wissen nicht, wie viele andere noch irgendwo leben! Er hat noch mit über achtzig Jahren Kinder gezeugt. Als er mit achtundneunzig starb, kamen welche zu der Beerdigung, von denen wir gar nicht gewusst hatten, dass es sie gab!"

„War jemand aus deiner Familie in Zauberei oder Spiritismus verwickelt?"

„Oh ja", antwortete Michael. „Mein Urgroßvater hatte große Macht, Flüche auf jemanden zu legen. Er war berühmt dafür. Mein Großvater war zuerst auch in Spiritismus verwickelt, aber nach seiner Bekehrung hat er sich davon losgesagt. Viele von meinen Tanten und Onkeln haben ein bisschen in Spiritismus hineingerochen, und ich war richtig tief drin. In unserer Guerillagruppe haben wir Verträge mit den Dämonen gemacht. Wenn ich einen Menschen verfluchte, wurde er so krank, dass er ins Krankenhaus musste. Aber als ich zu Gott zurückgekommen bin, habe ich mit dem ganzen Zeug aufgehört."

„Da hast du ja eine Menge hinter dir", sagte ich und fragte dann: „Was für eine Frau hast du dir dieses Mal ausgesucht? Erzähle mir etwas über sie und ihre Familie."

Susanne war in einer nach außen hin sehr frommen Familie aufgewachsen. Jeden Sonntag ging man gemeinsam in die Kirche. Trotzdem gab es zu Hause ständig Zank. Ihr Vater war Laienprediger und Evangelist und gehörte zum Ältestenrat der Kirche. Er saß immer in der ersten Reihe, sang mit lauter Stimme und lobte Gott. Aber zu Hause gebärdete er sich als Alleinherrscher. Von seiner Frau und den Kindern verlangte er sofortigen und unbedingten Gehorsam. Sein Wort war Gesetz, und auf jede noch so geringe Übertretung folgten Schläge bis aufs Blut. Wenn ihm das Essen nicht schmeckte, warf er es auf den Fußboden und sprach dann wochen- oder monatelang nicht mehr mit seiner Frau. Doch nach außen hin hielten alle das Bild von der heilen Familie aufrecht. Keiner erwähnte je etwas anderen gegenüber, weil dann in der Kirche das Ansehen ihres Vaters ruiniert gewesen wäre.

Als Susanne siebzehn Jahre alt war, heiratete sie einen Mann, der fast doppelt so alt war wie sie, weil das ihre einzige Möglichkeit war, von zu Hause zu fliehen. Aber schon nach wenigen Monaten fing ihr Mann an, sie zu schlagen, und warf sie schließlich aus dem Haus, obwohl Susanne inzwischen schwanger war. Weil sie nicht wusste, wohin sie sonst gehen konnte, kehrte sie in ihr Elternhaus zurück, wo ihr Vater sie so misshandelte, dass sie ihr Baby verlor.

In den zehn dazwischenliegenden Jahren hatte Susanne noch zwei Mal geheiratet, aber beide Ehen endeten nach kurzer Zeit in einer Katastrophe. Am Ende war sie zu dem Schluss gekommen, dass nur Gott ihr Leben in Ordnung bringen konnte, und hatte ihm ihr Leben übergeben. Sie schloss sich wieder einer Kirche an, und dort traf sie Michael, der auch kurz zuvor sein Leben wieder Jesus übergeben hatte. Drei Monate später heirateten die beiden. Sie waren überzeugt, dass dieses Mal alles gut gehen werde, denn sie gehörten ja beide zu Jesus. Eine Zeit lang waren sie glücklich miteinander, aber dann gerieten sie immer öfter in Streitereien. Schließlich dachte Susanne wieder an eine Scheidung, denn sie wollte, dass ihre Kinder in Frieden aufwuchsen.

„Ich kann nicht verstehen, wie es so weit kommen konnte", sagte Michael. „Wir sind doch beide in Jesus Christus neue Menschen geworden. Und da müsste doch eigentlich wirklich alles neu sein."

„Da hast du recht", stimmte ich ihm zu, „ihr seid in Jesus neue Menschen und alles ist neu. Aber als ihr geheiratet habt, wart ihr beide gerade erst in Gottes Familie hineingeboren worden, ihr wart sozusagen noch zwei ganz kleine Babys. Ihr hattet beide noch gar nicht genug Zeit gehabt, um im neuen Leben mit Jesus erwachsen zu werden. Im Glauben erwachsen zu werden bedeutet, dass man es lernt, wie Jesus zu denken und zu handeln."

Ich erklärte ihm, wie durch das, was er als Kind erlebt hatte, destruktive „Gewusst-wie"-Videos eingespielt worden waren, die nicht dadurch von allein umgewandelt wurden, dass er zu Jesus gekommen war.

„Siehst du Michael", fuhr ich fort, „wenn du eine andere Ehe haben willst, musst du andere „Gewusst-wie"-Videos davon entwickeln, wie man sich in einer Partnerschaft verhält. Wenn du mit Jesus lebst, lernst du ihn immer besser kennen. Wie er gedacht, gesprochen und sich verhalten hat, wird dann zum Vorbild für deine neuen Videos."

Michael und Susanne hatten jeder nur die Vorbilder von dem katastrophalen Familienleben, das seit mindestens vier Generationen jeweils von den Eltern an die Kinder weitergegeben worden war, und das wie ein Fluch in jeder Familie immer weiterwirkte.

Familiäre Gebundenheiten durchbrechen

Gott sagt, dass die Sünden der Väter an den Kinder bis zur dritten und vierten Generation heimgesucht werden. Das heißt, dass die Auswirkungen der Sünde so lange zu spüren sind. Doch den Menschen gegenüber, die ihn lieben und seine Gebote halten, gewährt Gott seine Gnade tausend Generationen lang (2. Mose 20, 5.6; 5. Mose 7,9).

Als ich Michael das erklärte, schaute er mich leicht befremdet an und fragte: „Aber ich bin doch in Jesus Christus ein neuer Mensch. Ist dann nicht all das erledigt?"

„Es stimmt", antwortete ich, „in dem Augenblick, wo du vor Gott deine Sünden bereust und ihn um Vergebung bittest, wird dir alles vollkommen vergeben. Das heißt, dir ist die Strafe für diese Sünden erlassen, weil Jesus sie auf sich genommen hat. Doch das bedeutet jetzt nicht, dass damit die Folgen deiner Lebensgeschichte und deiner Familiengeschichte aufgehoben sind. Dieser Geschichte musst du dich stellen, damit die Auswirkungen durchbrochen werden, die sie auf dein Leben haben. Aus diesem Grund hat Gott uns dies auch gesagt, dass er die Sünden der Väter an den Kindern und Enkeln heimsucht. Er hat das nicht gesagt, weil er uns verfluchen will, sondern damit wir wissen, welche schlimmen Folgen Sünde hat, und dass wir etwas gegen die Auswirkungen der Sünde tun können."

Dann erzählte ich Michael von Daniel, einem jungen Prinzen aus dem jüdischen Volk, von dem in der Bibel berichtet wird. Vielleicht waren jene Könige von Israel, die in aller Offenheit Spiritismus praktiziert hatten, Daniels Urgroßvater und sein Großvater, wahrscheinlich aber waren sie mit ihm verwandt (Daniel 1, 3). Sie waren so weit gegangen, dass sie ihre eigenen Kinder als Opfer für die Götzen bei lebendigem Leib verbrannt hatten (2. Chronik 5-7). Deshalb zog Gott seinen Schutz von seinem Volk zurück, und so konnten die Babylonier Jerusalem erobern und das Volk in die Gefangenschaft verschleppen. Daniel selbst hatte sich nicht an dem Götzendienst beteiligt, sondern war immer Gott treu geblieben. Deshalb war er für die Sünden seiner Vorfahren auch nicht verantwortlich. Trotzdem erlitt er dasselbe Schicksal wie sein Volk. Er lebte den Rest seines Lebens in der Gefangenschaft, einfach weil er ein Mitglied seiner Familie und seines Volkes war. Die Sünden seiner Vorfahren hatten bittere Konsequenzen für sein Leben, obwohl Daniel selbst unschuldig war.

Es ist ergreifend zu lesen, wie Daniel sich beugte unter dieser Geschichte von Götzendienst und Ungehorsam gegen Gott und sich zu den Sünden seiner Vorfahren und seines Volkes stellte. Sein Bußgebet füllt ein ganzes Kapitel: „Ach, Herr, du großer und heiliger Gott … wir haben gesündigt, Unrecht getan, wir sind gottlos gewesen und abtrünnig geworden. Ja, Herr, wir, unsere Könige, unsere Fürsten und unsere Väter müssen uns schämen, dass wir uns an dir versündigt haben" (Daniel 9).

Man könnte denken: „Was für ein verrücktes Gebet. Warum betet er nicht: ‚Meine Vorfahren haben gesündigt, und ich bezahlte die Konsequenzen, obwohl ich unschuldig bin. Nun hol mich hier heraus, Gott!'"

Doch Daniel wusste, dass der Fluch der Sünde auch die Nachkommen trifft: „Ganz Israel übertrat dein Gesetz, und sie wichen ab und gehorchten deiner Stimme nicht. Darum trifft uns auch der Fluch, den er (Gott) geschworen hat, und der geschrieben steht im Gesetz des Mose" (Daniel 9,11). Daniel stellte sich zu den Sünden seiner Familie und seines Volkes, um diesen Fluch zu durchbrechen.

„Michael", erklärte ich ihm, „wenn du dich, wie Daniel es gemacht hat, zu den Sünden und Problemen stellst, die in deiner Familie von einer Generation zur nächsten weitergegeben worden sind, wird ihr Fortbestand bei dir, in deiner Ehe und bei deinen Kindern durchbrochen. Wenn du wirklich eine neue Familienlinie begründen möchtest, in der nicht mehr der Fluch alter Sünden, sondern Gottes Segen weitergegeben wird, dann bete wie Daniel für dich und deine Familie. Wenn du das willst, dann bringe zu unserm nächsten Gespräch einen Familienstammbaum mit, der über vier Generationen geht. Dann können wir anhand dieses Stammbaumes die Sünden deiner Vorfahren zu Gott bringen."

Der Familienstammbaum

Ein Familienstammbaum sollte vier Generationen umschließen. Bei Michael und seinen Geschwistern anfangend, gehörten seine Eltern, Großeltern und Urgroßeltern dazu. Weil Michael schon einige fast erwachsene Kinder hatte, sollten sie mit eingeschlossen werden. Diesen Stammbaum aufzustellen, war für Michael eine Fleißaufgabe, denn er hatte von beiden Eltern her unzählige Onkel und Tanten, Vettern und Kusinen, Großtanten und Großonkel.

Anhand seines Familienstammbaumes sprachen wir dann eingehend darüber, welche Charaktereigenschaften sich durch Michaels Familie zogen, welche Sünden sich von einer Generation zur nächsten wiederholten, wie die Beziehungen untereinander gewesen waren. Ich erklärte Michael, er solle alles aufschreiben, was er in seinem Leben, in seiner Ehe und bei seinen Kindern los sein wollte, und dabei drei Bereiche beachten:

1. Probleme: Dabei geht es nicht um Sünden, sondern um Schwierigkeiten, die seit Generationen immer wieder aufgetaucht sind, wie Depressionen, Angstattacken, häufige Unfälle, finanzielle Schwierigkeiten, ungewöhnliche Todesfälle und so weiter.
2. Familiensünden wie Nörgelei, Kritiksucht, Fluchen, körperliche oder seelische Misshandlungen oder sexueller Missbrauch, sexuelle Perversitäten, Süchte, Eheprobleme, Untreue, Schürzenjägerei, übersteigerte Männlichkeitsgefühle und -verhalten, Beziehungsabhängigkeit und so weiter.
3. „Geistliche Sünden", wie Spiritismus, Hexerei, falsche Religionen, Aberglaube und so weiter.

Michael erklärte sich einverstanden und erarbeitete einen Familienstammbaum für ein „Daniel-Gebet". Ich wollte ihn nun durch das

Gebet leiten und begann: „Vater im Himmel, ich und meine Familie haben gesündigt. Ich und meine Familie haben …" und sprach aus, was er aufgeschrieben hatte. Da unterbrach er mich und protestierte: „Aber ich habe das alles gar nicht getan."

„Das hast du auch nicht, Michael", antwortete ich. „Aber auch Daniel hatte nichts von den Dingen getan, die er Gott in seinem Bußgebet bekannte. Trotzdem stellte er sich dazu: ‚Ich und meine Väter haben gesündigt.' Wenn du dich als Mitglied deiner Familie mit den Sünden aus der Vergangenheit deiner Familie identifizierst, hast du die Vollmacht, sie zu Gott zu bringen und damit ihren Fluch zu durchbrechen." Ja, das wollte Michael. Deshalb sprach er es nach: „Ich und meine Familie haben gesündigt."

Michael beendete sein „Daniel-Gebet", indem er alles Zerstörerische aus seiner Familiengeschichte widerrief. Er brach jeden Pakt mit dem Bösen, den er selbst oder Familienangehörige geschlossen hatten, alle Schwüre und Flüche, und vergab den vier Generationen die Sünden, die sie gegen ihn und seine Familie begangen hatten. Dann nahm er die Vergebung Jesu für all das Böse an und bat ihn um seinen Segen für sich selbst, seine Ehe, seine Kinder und alle zukünftigen Generationen. Von nun an sollte in seiner Familie nicht mehr das böse Familienerbe, sondern Jesus regieren. Jesus sollte von diesem Tage an das Vorbild für ihr Verhalten, ihr Tun und Reden sein.

Mehrere Wochen lang arbeitete Michael daran, wie er bei seiner Berufsarbeit, in seiner Ehe, seiner Beziehung zu seinen Kindern und in seiner Kirche das Vorbild Jesu nachahmen konnte. Michaels Frau sagte, sie kenne ihn nicht wieder, so radikal habe er sich verändert. Ich schlug dann vor, dass sie beide zur Beratung kämen, um auch Susannes Familienstammbaum anzusehen und für ihre Familie ein „Daniel-Gebet" zu sprechen. Aber an diesem Punkt brach Michael die Therapie ab, und ich verlor den Kontakt zu ihm.

Wenn ich in meiner Beratungsarbeit jemandem vorschlage, einen Familienstammbaum für ein „Daniel-Gebet" aufzustellen, sagen manche Leute: „Meine Güte, wer will schon alles wissen, was in der Vergangenheit liegt? Ich möchte da lieber nicht hinschauen." Aber dann kann das Böse sich verfestigen und bis in zukünftige Generationen hinein weiter wirken. Wenn wir jedoch das Böse ans Licht bringen und bekennen, wird es uns vergeben (1. Johannes 1,6-9). Mit anderen Worten, der Fluch des Bösen wird dann gebrochen, wenn wir es ans Licht bringen.

Manchmal sind Leute, die mit ihrem Familienstammbaum arbeiten, entsetzt über das, was sie entdecken. „Irgendwie ahnte ich, dass es diese Dinge in unserer Familie gibt, aber ich habe nie genau hingesehen. Das ist fürchterlich, und es beschämt mich sehr. Ich wusste nicht, dass es da so viel Böses gab."

Wenn jemand für ein „Daniel-Gebet" in seiner Familiengeschichte nach Bösem und Zerstörerischem forscht, tut er das jedoch nur, um es zu Jesus zu bringen. Was wir entdecken, kann sehr schlimm sein. Aber wir wissen ja, wie wir es loswerden können. Denn Jesus ist gekommen, um die Werke des Teufels, also alles Böse, zu zerstören (1. Johannes 3,8). Doch dazu müssen wir diese Dinge erst aufdecken.

Andere protestieren: „Ich will nicht nur das Böse sehen, denn es gab bei uns auch gute Dinge." Es gibt wirklich in jeder Familie auch gute Dinge, aber die brauchen wir nicht loszuwerden. Beim Arbeiten mit dem Familienstammbaum geht es um die Dinge, die seit Generationen zerstörerisch gewirkt haben und die uns, unsere Kinder und Enkel nicht weiter beeinträchtigen sollen.

Depressionen und Familiensünden können erhebliche Probleme in eine Ehe bringen. Doch wenn die Partner bereit sind, daran zu arbeiten, können viele Ehen wiederhergestellt werden. Im nächsten Kapitel wollen wir einige weitere Gründe dafür ansehen, dass Beziehungen in Gefahr geraten zu zerbrechen.

Kapitel 7
Zerbrochene Beziehungen

Wenn eine Ehe zerbricht, kann das viele unterschiedliche Gründe haben. Zusätzlich zu denen, die ich bereits erwähnt habe, wollen wir uns in diesem Kapitel weitere Bedingungen ansehen, die eine Ehe gefährden und zerbrechen lassen können.

Im Volk der Juden konnte in alter Zeit ein Mann seine Frau aus jedem beliebigen Grund hinauswerfen, selbst wenn sie nur versehentlich ein Mittagessen hatte anbrennen lassen. Gott schränkte diesen Brauch durch ein Gesetz ein: Wenn ein Mann seine Frau loswerden wollte, musste er ihr ein Scheidungsdokument geben, damit sie nicht völlig rechtlos wurde und ihr Leben neu aufbauen konnte (5. Mose 24,1-3).

Als die Pharisäer einmal Jesus zu diesem Thema befragten (Matthäus 19,3-12), sagte er ihnen, dass Gott die Scheidung nur erlaubt habe, weil die Herzen der Menschen so hart waren. Ursprünglich habe Gott aber gewollt, dass Mann und Frau sich in der Ehe so vollkommen miteinander verbinden sollten, dass sie zu einer untrennbaren Einheit wurden, in der einer dem anderen bis zum Tod treu war. Nur wenn die Ehe durch Untreue eines Partners schon zerbrochen war, konnte an eine Scheidung gedacht werden.

Diese Treue, die Gott in einer Ehe erwartet, betrifft bei weitem nicht nur die sexuelle Beziehung, sondern reicht viel tiefer. Die meisten Gläubigen kennen Gottes Versprechen, dass er die Fenster des Himmels öffnen und Segen in Fülle herabschütten will, wenn sie zehn Prozent ihres Einkommens für Gott abgeben (Maleachi 3,8 bis 12). Aber nur wenige Christen scheinen den Abschnitt über die Ehe zu kennen, der einige Verse vor dieser Verheißung steht:

„Weiter tut ihr auch das: Ihr bedeckt den Altar des Herrn mit Tränen und Weinen und Seufzen; aber er mag das Opfer nicht mehr ansehen noch etwas Angenehmes von euren Händen empfangen. Ihr aber sprecht: ‚Warum das?' Weil der Herr Zeuge war zwischen dir und der Frau deiner Jugend, der du treulos geworden bist, obwohl sie doch deine Gefährtin und die Frau ist, mit der du einen Bund geschlossen hast ... Darum so seht euch vor in eurem Geist, und werde keiner treulos der Frau seiner Jugend. Wer ihr aber gram ist und sie verstößt, spricht der Herr, der Gott Israels, der bedeckt mit Frevel sein Kleid, spricht der Herr Zebaoth. Darum so seht euch vor in eurem Geist und brecht nicht die Treue" (Maleachi 2, 13-16).

Die Treue, die Gott in der Ehe erwartet, ist also eine Treue des Geistes, das heißt, sie entspringt aus der Beziehung zu Gott und umfasst auch die tiefsten Bereiche unseres Lebens.

Eheliche Untreue beginnt oft damit, dass jemand eine andere Frau/einen anderen Mann zu intensiv in Augenschein nimmt oder zu viel Zeit mit ihm beziehungsweise ihr verbringt. Gott hat den männlichen und den weiblichen Körper so gemacht, dass sie sich gegenseitig anziehen. Unser Körper weiß nicht, wem wir versprochen haben, unser Leben lang treu zu sein, wenn wir andere Männer oder Frauen ansehen oder in enge Berührung zu ihnen kommen. Deshalb müssen wir gut auf ihn aufpassen.

Wenn mein weiblicher Körper sich vom Körper eines Mannes angezogen fühlt oder sexuelle Gedanken in mir aufsteigen lässt, muss ich mir anschauen, wer in diesem anderen Körper lebt. Wenn das nicht derjenige ist, dem ich lebenslange Treue versprochen habe, dann habe ich die Pflicht, meinem Körper zu befehlen, dass er Abstand halten oder sich in Bewegung setzen und weggehen soll. Tue ich das nicht, dann ist das Untreue meinem Mann gegenüber.

Wenn ein Mann sich körperlich erregt fühlt beim Anblick eines weiblichen Körpers oder sexuelle Gedanken über diese Frau in seinen Kopf kommen, muss er hinschauen, wer in diesem weiblichen Körper lebt. Wenn das nicht die Frau ist, der er lebenslange Treue versprochen hat, muss er diese Gedanken zurückweisen und seine Augen oder seinen ganzen Körper abwenden. Tut er das nicht, ist das Untreue seiner Frau gegenüber.

Hiob, ein frommer Mann, von dem im Alten Testament berichtet wird, sagte, dass er mit seinen Augen einen Vertrag geschlossen hatte, nicht begehrlich auf eine Frau zu blicken (Hiob 31,1).

Viele Leute sind heute bei ihrer täglichen Berufsarbeit viele Stunden mit anderen Männern beziehungsweise Frauen zusammen, und sie teilen mit ihnen oft mehr Erfahrungen als mit ihrem Ehepartner zu Hause. Durch gemeinsame Erlebnisse werden Beziehungen aufgebaut, und deshalb geraten ihre Ehen nur zu leicht auf sehr, sehr schlüpfrigen Grund, wenn sie sich nicht intensiv darum bemühen, im Kontakt mit ihrem Ehepartner zu bleiben und Erfahrungen mit ihm zu teilen.

Harald und Ina

Harald machte sich Sorgen um seine Ehe. Weil ihre drei Kinder jetzt alle zur Schule gingen, hatte sich seine Frau Ina entschlossen, ihr Studium wieder aufzunehmen und ihren Magister zu machen. Sie war deshalb für bestimmte Seminare immer wieder längere Zeit von zu Hause weg. Harald hatte das Gefühl, dass Ina sich dadurch langsam von der Familie entfremdete. Im letzten Monat hatte sie immer seltener zu Hause angerufen und ihre Sorge um die Familie hatte stark abgenommen. Wenn Harald versuchte, mit ihr darüber zu sprechen, wich sie aus.

„Die Kinder sind schon ganz durcheinander", sagte Harald. „Ich bin fast sicher, dass ein anderer Mann dahinter steckt. Ich will nicht, dass unsere Familie zerbricht. Unsere Kinder brauchen sie. Ich muss allerdings zugeben, dass ich mich früher ähnlich verhalten habe wie jetzt sie. Ich war eine Zeit lang sehr oft weg, und wenn sie mich bat, das zu ändern, habe ich mich nicht darum gekümmert. Sie muss sich damals genauso hilflos und verlassen gefühlt haben wie ich jetzt."

„Dann gab es also schon Schwierigkeiten zwischen euch beiden, bevor sie das Studium wieder aufgenommen hat?", fragte ich.

„Ja", gab er zögernd zu. „Ich habe damals eine wissenschaftliche Untersuchung für meine Doktorarbeit durchgeführt und war oft bis spät in die Nacht im Labor. Und da war noch diese Studentin ..."

„Du hattest eine Affäre mit ihr?"

„Gut, ja ... aber es ist nicht zu irgendwelchen Dingen gekommen."

„Du bist also damals Ina gegenüber selbst nicht treu gewesen und erwartest jetzt trotzdem, dass sie dir die Treue hält?"

„Aber sie wusste doch überhaupt nichts davon!", rief er aus.

„Ist das ein Unterschied? Du weißt ja auch nicht, was sie tut. Warum bist du dann beunruhigt?"

Harald schwieg eine lange Zeit. „Weißt du", sagte er dann nachdenklich, „in der Zeit, seit Ina weggegangen ist, habe ich versucht, mein Leben mit Gott in Ordnung zu bringen, und ich fange jetzt an, die Dinge in einem anderen Licht zu sehen. Ich habe immer gedacht, ich bin eben ein Mann, und es wäre irgendwie mein Recht, eine Affäre zu haben, wenn ich mich von einer anderen Frau angezogen fühlte. Aber sie als Frau müsste mir gegenüber treu sein."

Ich zeigte Harald den Abschnitt in Maleachi 2. „Hier spricht Gott direkt zu dir als Mann. Er sagt dir, wie er darüber denkt, dass du Ina die Treue gebrochen hast und welche Folgen das für dich hat."

„Ja", nickte er und seufzte, „ich sehe es alles so klar, seit ich Angst habe, meine Frau zu verlieren. Was ich getan habe, tut mir jetzt so leid. Wie konnte ich nur so blind sein?"

„Harald, wenn du es bereut und Gott um Vergebung gebeten hast, dann hat er es dir in dem Moment auch vergeben", versicherte ich ihm. „Und wenn Ina ebenfalls dafür offen ist, kann Gott eure Ehe wieder herstellen."

Aber in diesem Fall war es zu spät. Ina hatte sich an einen anderen Mann gebunden und beantragte bald die Scheidung.

Sam und Lisa

Wenn einer der Partner viel Zeit allein verbringt oder häufig mit alten Bekannten oder Freunden ausgeht, kann das für seine Ehe ebenfalls gefährlich werden. Sam und Lisa waren glücklich verheiratet und sich sicher, dass dies auch immer so bleiben würde. Beide waren fest im Glauben an Gott verwurzelt und arbeiteten im Kindergottesdienst mit. Sie hatten eine sehr gute Beziehung zu ihren heranwachsenden Töchtern. Sam sprach oft mit ihnen darüber, wie wichtig es für sie war, für eine künftige Partnerschaft nach einem jungen Mann Ausschau zu halten, der nie nach anderen Frauen schaute.

Dann traf Sam eines Tages eine Frau aus seiner alten Schulklasse, die er seit zwanzig Jahren nicht mehr gesehen hatte. Sie tauschten Geschichten über ihre Jugend aus und gingen miteinander essen. Dabei hatten sie so viel Spaß, dass sie sich noch einmal verabredeten und dann noch einmal. Eins kam zum anderen, bis Sam sich plötzlich tief in eine Affäre verwickelt hatte.

Als Lisa schließlich argwöhnisch wurde und ihren Mann mit ihren Zweifeln konfrontierte, zog Sam aus und reichte die Scheidung ein. Lisa wollte keine Scheidung. Aber Sam bestand so vehement darauf, dass sie schließlich nachgab.

Als Sam die Familie verlassen hatte, geriet das Leben seiner Töchter durcheinander. Ihre Schulleistungen fielen ab und sie waren kurz davor, sitzen zu bleiben. Bei einem Besuch wollte Sam sie ermahnen, wieder gewissenhafter für die Schule zu arbeiten. Da schrie seine ältere Tochter ihn an: „Ich hasse dich, Papa. Du hast mir immer gesagt, wie ich mich verhalten und was ich tun soll, und ich habe dir geglaubt. Und was hast du selbst gemacht, was hast du Mama angetan? Ich hasse dich! Sprich nie wieder mit mir!" Und dann rannte sie aus dem Zimmer.

Bald danach sah ich Sam zum letzten Mal. Er saß da, den Kopf in die Hände gestützt, und sagte: „Ich kann nicht fassen, was ich angerichtet habe. Ich liebe meine drei Töchter mehr als alles in der Welt. Aber ich kann nicht mehr zurückgehen. Ich bin so in die andere Familie verstrickt, dass ich noch einmal alles zerstören würde, wenn ich mich wieder scheiden ließe. Wie konnte ich nur da hineingeraten?"

Sam war sich ganz sicher gewesen, dass seiner Ehe nichts passieren konnte. Deshalb hatte er völlig aus dem Blick verloren, dass auch er versuchlich war. Als er es schließlich merkte, hatte er sich schon so tief in die Sünde verwickelt, dass er keinen Ausweg mehr sah.

Das Scheidungsspiel

Viele Paare spielen leichtfertig mit dem Gedanken an eine Scheidung, ohne zu merken, wie gefährlich dieses Spiel sein kann.

Karin und Peter

Karin war schon in Tränen, als sie in meine Praxis kam. Kaum in meinem Sprechzimmer, brach sie in unkontrolliertes Schluchzen aus. Ich konnte nur geduldig warten, bis sie sich so weit beruhigt hatte, dass sie sprechen konnte. Es war jetzt zehn Monate her, dass ihre Ehe nach drei glücklichen Jahren in einer Scheidung geendet hatte. Dabei wollte sie gar nicht geschieden sein, sie liebte Peter und wollte ihn nicht verlieren.

„Was hat dazu geführt, dass eure Ehe zerbrochen ist?", fragte ich sie.

„Es war so dumm", schluchzte sie. „Es fing als ein Spaß an, ein Spiel. Wir haben uns gegenseitig oft geneckt mit unserem ‚Scheidungsspiel'."

„Scheidungsspiel?", fragte ich erstaunt. Es war das erste Mal, dass ich diesen Ausdruck hörte.

„Ja", antwortete sie. „Wir haben zum Beispiel gesagt: ‚Wenn du das nicht willst, dann such dir jemand anders', oder: ‚Ich mag das nicht, lass uns die Scheidung einreichen', oder: ‚Wenn du das noch einmal machst, lasse ich mich scheiden', ‚oder: ‚Wenn dir nicht schmeckt, was ich koche, dann such dir jemand, der besser kochen kann'."

Eines Abends, als sie beide nach einem schweren Arbeitstag müde waren, hatten sie sich über irgendeine Kleinigkeit gestritten, aber keiner hatte in seiner Ansicht zurückstecken wollen. Schließlich hatte Peter geschrien: „Vergiss es, ich lasse mich scheiden! Ich such mir jetzt jemand anders!" und war aus der Wohnung gestampft.

„Geh nur", hatte Karin hinter ihm her gerufen. „Gut, dass ich dich los bin!"

„Wir waren so wütend", erzählte Karin weiter, „dass wir tatsächlich innerhalb von drei Wochen geschieden waren. Ich hätte nie gedacht, dass wir das tun würden, aber keiner von uns beiden wollte nachgeben und die Sache stoppen. Wir haben wirklich die Scheidungsurkunden unterschrieben. Wir hatten so lange von Scheidung gesprochen, dass es uns schließlich fast aus Versehen wirklich passiert ist."

Peter hatte nach der Scheidung versucht, sich mit Karin zu versöhnen, aber die fühlte sich noch zu verletzt und war noch zu böse, um darauf einzugehen. Als sie schließlich zur Besinnung kam, hatte Peter schon eine andere Beziehung begonnen. Als sie mit ihm Kontakt aufnahm, wollte er nichts mehr mit ihr zu tun haben. Er heiratete schließlich das andere Mädchen. Karin brauchte lange Zeit, um über ihren Verlust zu trauern und so weit zu kommen, dass sie beiden –

Peter und sich selbst – die Katastrophe vergeben konnte, die sie durch Gedankenlosigkeit in ihr Leben gebracht hatten.

Misshandlung in der Ehe

Vor Jahren arbeiteten mein Mann und ich als Missionare in Kolumbien. Bald nach der ersten Trauung, die mein Mann dort vollzogen hatte, hörten wir, der junge Ehemann hätte seine Frau verprügelt. Als wir ihn deswegen zur Rede stellten, antwortete er: „Aber sie ist doch meine Frau, sie gehört mir. Ich sehe nichts Verkehrtes darin, jemand zu verprügeln, der mir gehört. Was ich mit meinem Eigentum mache, geht niemanden etwas an." Uns wurde klar, dass wir vor der nächsten Hochzeit das Paar gründlicher beraten mussten.

In diesem Fall fingen die Misshandlungen an, als das Ehepaar noch in seinen Flitterwochen war. Manche Frauen haben mir erzählt: „Am Morgen nach unserer Hochzeit wachte ich auf und hatte einen vollkommen fremden Mann neben mir im Bett. Vorher war er immer freundlich und liebevoll gewesen, aber am Tag nach der Hochzeit wurde er schroff und beleidigend. Ich konnte ihn nicht wiedererkennen."

„Hast du während eurer Verlobungszeit nichts bemerkt, das dich vor seinem wahren Charakter gewarnt haben könnte?", frage ich dann.

„Nein, nicht richtig", antworten die meisten darauf. Eine junge Frau erzählte: „Manchmal hat er überzogen reagiert, wenn jemand ihn im Straßenverkehr behindert hat. Aber er hat dann immer gesagt, der andere sei Schuld gewesen. Einmal hat er vor Wut mit seiner Faust eine Delle in den Wagen geschlagen, als ihm etwas danebenging. Aber zu mir war er immer freundlich. Doch kaum dass wir verheiratet waren, hat er sich so verändert, dass ich nicht glauben konnte, dass dies derselbe Mensch war."

In den meisten Fällen beginnen Misshandlungen jedoch nicht sofort nach der Hochzeit, sondern in kleinen Schritten, die sich immer mehr steigern:
1. Forderung nach totalem Gehorsam: Der Mann verlangt vollkommenen und sofortigen Gehorsam. Geschieht nicht alles so, wie er

es verlangt hat, reagiert er äußerst gereizt und wird wütend. Schließlich sucht er sogar nach Fehlern.

2. Verbale Misshandlungen: Er beginnt, alles, was seine Frau getan oder unterlassen hat, mit herabsetzenden Worten zu kommentieren, und demütigt und erniedrigt sie und alles, was ihr wichtig ist.

3. Zerstörungswut: Nun fängt er an, in seiner Wut Gegenstände hinzuwerfen, zu zerschmettern oder zu zerstören, besonders Dinge, die seiner Frau etwas bedeuten.

4. Körperliche Misshandlungen: Am Ende wird er in seinen Wutausbrüchen handgreiflich, er schlägt, schüttelt oder würgt seine Frau, wirft sie zu Boden oder gegen die Wand und verursacht dabei manchmal schwere Verletzungen oder sogar ihren Tod. Bei dem allen beschuldigt er sie, dass sie ihn zu diesen drastischen Maßnahmen provoziert hat.

Wenn es in einer Ehe zu Misshandlungen kommt, geschieht das häufig in sich wiederholenden Zyklen. Es beginnt damit, dass die Spannung zwischen den Partnern wächst, bis derjenige, der zu Gewalttätigkeit neigt, gegen den Ehepartner ausschlägt. Das ist in den meisten Fällen der Mann. Es kann aber auch sein, dass sich die Ehepartner gegenseitig misshandeln, und manchmal ist es die Frau, die gewalttätig wird. Nach einem Wutausbruch versucht der Gewalttäter häufig, wieder gutzumachen, was er im Zorn getan hat. Er beteuert, dass dies nie wieder geschehen wird, häufig mit dem deutlichen Hinweis, dass er nicht so ausrasten würde, wenn sie als Frau sich besser unterordnete. Dann herrscht für einige Zeit Frieden, bis sich die Spannung wieder steigert und der Kreislauf von vorne beginnt. Wenn der Druck zu groß wird, führen manche Frauen bewusst eine Krise herbei, damit sie die Explosion hinter sich haben und die Dinge wenigstens einigermaßen unter Kontrolle behalten.

Diana und Dieter

Diana und Dieter waren vierzehn turbulente Jahre lang miteinander verheiratet. Diana war in einer Familie aufgewachsen, wo Frauen grundsätzlich für unfähig gehalten wurden, außerhalb des Hauses irgendetwas zu tun oder selbständige Entscheidungen zu treffen. Sie brauchten keine Berufsausbildung, denn die Männer waren als Haupt der Familie die alleinigen Versorger. Sie fällten alle Entscheidungen und die Frauen akzeptierten, was immer sie sagten.

Dieter kam aus einer Familie mit dominanten, gewalttätigen Charakteren, explosiven Temperamenten und großen emotionalen Schwierigkeiten. Als Diana Dieter kennen lernte, fühlte sie sich geliebt und beschützt, denn Dieter wollte nur noch mit ihr zusammen sein und erwartete von ihr unausgesetzte, ungeteilte Zuwendung und Aufmerksamkeit. Wenn er nicht bei ihr war, rief er sie oft an, um sich zu vergewissern, dass es ihr gut ging. Er wachte eifersüchtig darüber, dass niemand ihr Schaden zufügte oder sie nur schief ansah.

Nach ihrer Heirat machten sie immer alles zusammen. Das klappte, bis ihre drei Töchter ankamen und Diana wegen ihrer vielen zusätzlichen Aufgaben Dieter nicht mehr jeden Wunsch erfüllen konnte.

Mit der Zeit schränkte er Diana immer mehr ein. Sie durfte das Haus nicht mehr ohne ihn verlassen, nicht einmal mit ihrer eigenen Mutter zusammen. Wenn er wegging, hatte sie ihn zu begleiten. Bei den seltenen Gelegenheiten, wenn Diana mit ihrer Mutter ausging, erwartete er von ihr, dass sie ihn jede Stunde zwei- bis dreimal anrief, um ihm zu bestätigen, dass mit ihr alles in Ordnung war.

Er beteuerte, dass er das alles nur verlangte, weil er sie liebte und nicht wollte, dass ihr etwas zustieß. Aber wenn Diana nicht alles tat, was Dieter forderte, oder die Kinder sich nicht zu seiner Zufriedenheit benahmen, explodierte er vor Zorn. Dann zerschmetterte er alles, was in seine Reichweite kam und strafte seine Töchter so hart, dass es Diana das Herz brach.

An dem Tag, als Dieter zum ersten Mal seine Faust hob und Diana ins Gesicht schlug, nahm sie ihre drei Kinder und zog aus. Wenn er sie je wieder anrühren sollte, erklärte sie ihm, werde sie die Polizei holen. Dieter suchte nach ihr, er rief sie an und flehte um Verzeihung, er beteuerte, dass er jetzt richtig schätze, was für eine gute Frau sie für ihn war, und er ging sogar zu einer Beratung. Endlich habe er seine Lektion gelernt, und er werde sie nie wieder schlagen. Sie solle bitte, bitte, wieder nach Hause kommen. Diana ließ sich überreden und zog nach einem Monat wieder zu ihm. Nun ging alles besser, bis eines Tages die Spannung von neuem wuchs und Dieters Forderungen wieder hart und härter wurden. Langsam fing alles wieder von vorne an.

Wegen seiner unkontrollierten Wutausbrüche verlor Dieter immer wieder seine Arbeitsstelle, was für die Familie viele Umzüge und große Unsicherheit mit sich brachte. Am Ende griff Dieter bei einer Auseinandersetzung am Arbeitsplatz zum Gewehr und feuerte drauf los, was ihm eine schwierige Gerichtsverhandlung einbrachte. Schließlich wurde Dieter für arbeitsunfähig erklärt und auf Medikamente gesetzt. Nun fiel Diana die Verantwortung zu, die Familie finanziell zu versorgen.

„Das Problem liegt hauptsächlich bei mir", sagte Dieter, als sie zusammen zur Beratung kamen. „Ich habe es nicht genügend geschätzt, was für eine gute Frau ich an meiner Seite habe. Aber nun habe ich das endlich begriffen, und ich will mich ändern."

Wir brachten die tiefen seelischen Verletzungen, die Dieter und Diana in ihrer Kindheit erlitten hatten, zu Jesus, damit er sie heilte. Danach sprachen wir ausführlich darüber, welche unterschiedlichen Bedürfnisse Männer und Frauen haben und wie sie sich miteinander verständigen. Beide erarbeiteten sich mit meiner Hilfe das „Danie-Gebet" für ihre Familien. Dieter musste zudem von seinem explosiven Temperament frei werden; wir beteten intensiv dafür. Außerdem schlug ich Dieter vor, eine Gruppentherapie für Menschen mit erhöhter Gewaltbereitschaft zu machen, aber das lehnte er ab. Eine Zeit lang schienen die Dinge besser zu laufen, aber dann wuchsen die Spannungen von neuem.

„Ich halte es nicht mehr aus", weinte Diana. „Ich habe gebetet und gebetet, dass Gott unsere Ehe und unser Familienleben heilt. Und gestern Abend hatten wir so eine schöne Zeit zusammen. Aber dann sprang eins der Mädchen nicht augenblicklich aus dem Sessel, als Dieter sich dahin setzen wollte, und plötzlich explodierte er wieder und hat alle Weihnachtsgeschenke von den Kindern zerschmettert. Und nachher erwartete er von mir, kaum dass wir im Bett waren, dass ich ganz lieb und freundlich zu ihm wäre. Warum tut Gott nichts mit Dieter? Ich habe nun schon so lange gebetet."

„Worum genau hast du Gott gebetet?", fragte ich Diana.

„Dass Gott ihn aus dem Weg räumt und einfach dieser Ehe ein Ende macht", antwortete sie.

„Was meinst du damit, dass Gott ihn aus dem Weg räumen soll?"

„Nun, dass Gott Dieter einfach wegnimmt."

„Augenblick", sagte ich. „Habe ich dich richtig verstanden? Hast du gemeint, Gott soll ihn sterben lassen?"

„Ich weiß, das hört sich schlimm an", antwortete sie. „Aber ich halte es einfach nicht mehr aus und ich sehe keinen anderen Ausweg. Deshalb habe ich mir gewünscht, dass Gott ihn aus dem Weg räumt."

„Und wenn es noch nicht Gottes Zeit dafür ist, dass er stirbt, was dann?"

„Ich weiß nur, dass ich es nicht mehr aushalte", schluchzte sie. „Ich kann nicht zulassen, dass er die Mädchen weiter so misshandelt."

„Nein, das kannst du auch nicht", bestätigte ich. „Und Gott weiß, dass du am Ende bist. Ich schlage vor, dass du aufhörst, Gott darum zu bitten, dass er Dieter aus dem Weg räumt. Bitte Gott stattdessen darum, dir zu zeigen, was du für dich und deine Ehe und deine Familie beten sollst. Bitte ihn, seinen Wunsch in dein Herz zu legen und dir zu zeigen, wie er die Dinge lösen will und was du tun sollst. Was meinst du, wie schnell du eine Antwort brauchst?"

„Nun, je eher, desto besser", antwortete sie.

„Das stimmt", bestätigte ich, „aber wie viel Zeit kannst du Gott geben, dir das zu sagen – zwei Wochen, einen Monat, bis Ostern? Wie bald musst du es wissen?"

„Aber kann ich Gott ein Zeitlimit geben? Ich kann ihn doch nicht zwingen, mir zu antworten!", sagte sie, überrascht über meine Frage.

„Nun, du betest nun schon seit Jahren, nicht wahr? Und du fühlst dich mit der Zeit immer niedergedrückter und verwirrter – bis dahin, dass du Gott bittest, Dieters Leben zu beenden. Aber du weißt noch immer nicht, was Gott von dir will. Wenn du Gott ein Zeitlimit stellst, heißt das nicht, dass du ihn zu etwas zwingst."

Ich erzählte ihr, wie Daniel einmal bestimmte Fragen an Gott hatte und einundzwanzig Tage fastete, bevor er Antwort bekam. Gott hatte zwar schon am ersten Tag von Daniels Gebetszeit seinen Boten mit einer Antwort zu Daniel ausgesandt. Aber dieser Bote konnte nicht zu ihm hindurch dringen, weil ihn finstere Mächte daran hindern wollten (Daniel 10,2.3.12.13).

„Vielleicht ist auch in deinem Leben eine finstere Macht am Werk, die nicht will, dass Gottes Antwort zu dir hindurchdringt", fuhr ich fort. „Und wenn du jetzt ein Zeitlimit setzt, wehrst du dich gegen diese Macht. Außerdem hilft es dir, innerhalb eines bestimmten Zeitraumes Gottes Antwort zu erwarten. Bisher hast du in Hoffnungslosigkeit und Verzweiflung gebetet, aber dann betest du in Glauben und Erwartung."

Ich schlug ihr vor, eine Fasten- und Gebetszeit einzulegen, damit sie erkennen konnte, was Gottes Wille für sie war. Weil Diana aber weiter arbeiten und für ihre Familie sorgen musste, konnte sie sich mit ihrem Fasten am Vorbild von Daniel orientieren, der in seiner Fastenzeit nur auf bestimmte Annehmlichkeiten seines täglichen Lebens verzichtet hatte, kein Fleisch und keine schmackhaften Speisen gegessen und keinen Wein getrunken hatte. Darüber hinaus hatte er weiterhin normal gegessen.

„Überlege dir, worauf du verzichten willst, Diana", ermutigte ich sie. „Du könntest zum Beispiel jeden Morgen bis zum Mittag nur eine Tasse Kaffee trinken und einen Toast essen oder nur ein Glas Saft trinken und dann mittags und abends normal essen. Und du könntest dir jeden Morgen und Abend zehn Minuten Zeit reservieren, um Gott besonders darum zu bitten, dass du seinen Willen für dich, deine Ehe und deine Familie erkennst. Gott hat gesagt, wenn wir Weisheit für bestimmte Entscheidungen brauchen, sollen wir ihn darum bitten, und er wird sie uns geben. Mach das, bis du deine Antwort hast. Wie lange kannst du auf eine Antwort warten, wie bald musst du wissen, was du tun sollst?"

„Nun", antwortete sie langsam, „ich denke, in einem Monat."

„Einen Monat kannst du also noch durchhalten?"

„Ja", antwortete sie zuversichtlich, „einen Monat will ich es so machen und dann sehen, was Gott mir sagt."

Als Diana nach diesem Monat wieder in meine Praxis kam, hatte sie schon ein fröhlicheres Gesicht. „Weißt du was?", sagte sie. „Gott hat mir meinen Weg gezeigt, und das kam so. Vor zwei Wochen schnitt uns jemand den Weg ab, als wir mit dem Wagen aus unserer Einfahrt fahren wollten, und Dieter wurde so wütend, dass er versuchte, das andere Auto von der Straße zu drängen. Als ihm das nicht gelang, wollte er sich das Gewehr von seinem Freund holen und zum Haus des Fahrers gehen, um ihm die Sache heimzuzahlen. Es gelang mir schließlich, ihn so weit zu beruhigen, dass er diese Idee aufgab. Aber mir wurde klar, dass er in seinem Zorn vielleicht eines Tages uns alle umbringen würde.

Vorige Woche habe ich mich dann entschlossen, Dieter zu verlassen. Ich bin ausgezogen und habe um Polizeischutz gebeten, damit er mich nicht mehr belästigen kann. Ich hätte nicht gedacht, dass ich das einmal tun würde. Ich dachte immer, dass ich da nie rauskäme. Aber als ich Gott gefragt habe, was er wirklich wollte, merkte ich langsam, dass ich nicht so total hilflos und von Dieter abhängig war, wie ich gemeint hatte, sondern dass ich eine eigenständige Entscheidung fällen konnte. Mir wurde klar, dass Gott mich nicht verpflichtet, bei Dieter zu bleiben, denn er möchte, dass wir in Frieden zusammen leben (1. Korinther 7,13), und das geht mit Dieter nicht. Ich habe das nie zuvor so gesehen. Aber was kann ich jetzt den Mädchen sagen? Sie vermissen ihren Papa."

„Du weißt", antwortete ich langsam, „dass es in Dieter etwas sehr Schönes gibt – tief verborgen in ihm. Wenn er ruhig ist, dann ist er freundlich und liebevoll, und man könnte sich nie vorstellen, dass er immer wieder gewalttätig wird. Könnte es sein, dass er einfach nur emotional nicht tragfähig genug ist, um den Stress auszuhalten, den das Zusammenleben – besonders mit Kindern – mit sich bringt?

Vielleicht könntest du den Mädchen erklären, dass dieses Schöne in ihrem Papa der Grund war, warum du dich damals in ihn verliebt und ihn geheiratet hast, und warum auch sie ihn lieben. Aber weil ihr Papa keinen Stress vertragen kann, sei er immer wieder so wütend geworden, und deshalb sei es unmöglich, mit ihm zusammenzuleben. Du hättest dich von ihm getrennt, weil du nicht wolltest, dass sie noch einmal eine so unglückliche Zeit erleben wie damals, als er alle ihre Weihnachtsgeschenke kaputtgemacht hat. Aber nun, wo ihr von ihm getrennt lebt und er nicht mehr so viel Stress hat, könnte es sein, dass sie wunderbare Wochenenden und Ferien mit ihrem Papa zusammen erleben.

Ermutige sie, über ihre Gefühle zu sprechen. Sie müssen wissen, dass sie nicht daran schuld sind, dass du Dieter verlassen hast. Versichere ihnen, dass du für sie ein glückliches Zuhause haben wolltest, und dass sie jetzt, wo ihr Papa nicht mehr so unter Druck steht, auch noch viel Schönes mit ihm erleben werden, an das sie sich später erinnern können.

Meinst du, so könntest du es ihnen erklären?"

Diana holte tief Luft: „Ich will es versuchen. Gott hat mir den Mut gegeben, diesen Schritt zu gehen, nun wird er mich auch den Rest des Weges begleiten."

Dieter kam nach ihrer Trennung nicht mehr zur Beratung. Eines Tages ging er zu einem anderen Berater und bat ihn, Diana zu sagen, dass er sie nun endlich zu schätzen gelernt habe. Dieter bestand darauf, sich mit ihr zu treffen, um sich mit ihr zu versöhnen. Aber Diana merkte, wie der alte Kreislauf sich zu wiederholen begann, und verweigerte ein Treffen. Diana und die Mädchen brauchten noch einige Zeit, um über ihren Verlust zu trauern, aber schließlich fanden sie sich in ihrem neuen Leben zurecht.

Tom und Rahel

Rahel hatte sich vor kurzem einer neuen Gemeinde angeschlossen. Beim Gottesdienst am Sonntag fiel ihr Tom auf, der an der Gottesdienstgestaltung beteiligt war, und sie fühlte sich stark zu ihm hingezogen. Bald bekamen sie Kontakt zueinander. Drei Monate lang trafen sie sich regelmäßig, und dann heirateten sie. Tom sagte ihr, dass er früher Drogen genommen habe, aber durch ein Rehabilitationsprogramm gegangen war und nun vollkommen frei sei und einen guten Job habe. Gemeinsam träumten sie davon, eine gute, von gegenseitiger Liebe getragene Ehe aufzubauen.

Bald nach ihrer Hochzeit erklärte Tom, dass er noch hohe Schulden aus seiner Drogenzeit zu tilgen habe und sein Lohn für die Abzahlungen nicht reiche. Rahel schlug vor, auf ihren Namen einen Kredit aufzunehmen, um einen Teil seiner Schulden abzulösen, damit er nicht mehr so hohe Raten aufbringen musste. Nur zu gern stimmte Tom zu. Natürlich werde er ihren Kredit wieder abtragen, sobald es ihm möglich war. Sie brauche sich darum keine Sorgen zu machen.

Aber kurz nachdem ihre erste Tochter geboren war, verlor Tom seinen Job. Um Rahel die schlechte Nachricht überbringen zu können, brauchte er verzweifelt ein Bier, nur ein einziges, meinte er. In der Wirtschaft traf er einen alten Freund – und kam zwei Tage lang nicht nach Hause.

Als Rahel mir diese Geschichte fünf Jahre später erzählte, war sie schwer depressiv. Sie hatte inzwischen zwei Töchter und schleppte sich nur noch mühsam durch ihr Leben. Sie zahlte noch immer jenen ersten Kredit ab und dazu noch ein paar andere, die sie noch zusätzlich aufgenommen hatte.

Am Tag zuvor hatte Tom sich seine neueste Eskapade geleistet. Als Rahel bei der Arbeit war, hatte er wieder einmal alles verkauft, was in ihrer Wohnung irgendeinen Wert hatte, und hatte sogar den Kiosk ausgeräumt, den Rahel an den Wochenenden betrieb, um ihr Einkommen aufzubessern.

Tom war schon längere Zeit bei mir in der Beratung und Rahel hatte ihn öfter zu seinen Sitzungen begleitet. Aber diesmal war sie allein zu mir gekommen. Sie war total am Boden zerstört. „Rahel", fragte ich sie, „wie lange willst du noch damit weiter machen, Tom aus der Klemme zu helfen? Es gibt nur noch eine einzige Möglichkeit für ihn, Hilfe zu bekommen: Er muss wieder zu einer Langzeittherapie ins Drogenrehazentrum. Er braucht umfassende, strukturierte Aufsicht, und zwar vierundzwanzig Stunden am Tag. Einmal in der Woche hierher zu kommen, reicht für ihn nicht aus. Wenn er dazu bereit ist, kann er hinterher zurückkommen, und dann werden wir sehen, was für Hilfe er dann noch braucht, um sich wieder an das Familienleben zu gewöhnen."

„Aber er will nicht gehen", protestierte sie. „Er sagt, er kennt diese Drogenrehazentren und ihre Programme, und sie nützten ihm nichts. Er könne ganz alleine von den Drogen loskommen. Es ist ja auch alles ganz gut gelaufen, solange er kein Geld in der Tasche hatte. Wir hatten vereinbart, dass ich immer am Ende der Woche seinen Lohn abhole, damit er nicht in Versuchung kommt, das Geld sofort in Drogen umzusetzen. Aber dieses Mal habe ich mich verspätet und war nicht rechtzeitig da. Sein Chef wollte das Büro schließen, und so nahm Tom den Scheck entgegen. Er wollte nur für ein einziges Bier anhalten, sagte er mir hinterher. Das will er immer, aber dann endet es jedesmal so. Es war wirklich mein Fehler. Ich hätte rechtzeitig da sein müssen. Aber diesmal habe ich es einfach nicht geschafft."

„Rahel, merkst du, dass du die Verantwortung für das übernimmst, was Tom getan hat? Du hast ihn in jede möglich Therapie gebracht, aber er hat sie immer wieder abgebrochen. Auch bei mir hier hat er das getan, obwohl ich ihm gesagt habe, dass er noch nicht fertig ist und dass er wiederkommen müsse. Aber als er an den Punkt gelangt war, wo er anfangen musste, Verantwortung für sich und sein Leben zu übernehmen, wollte er nicht weiter mitarbeiten. Warum sollte er auch, es lebt sich ja für ihn viel leichter, wenn du immer alle Verantwortung übernimmst. Solange er nicht selbst die Konsequenzen für sein Handeln tragen muss, wird er keine Anstrengung machen, wirklich Hilfe zu bekommen. Warum sagst du ihm nicht, dass er nicht mehr nach Hause kommen darf, bevor er nicht clean ist?"

„Aber dann hat er keinen Platz, wo er hingehen kann", wandte sie ein. „Als unsere erste Tochter geboren wurde, habe ich ihn für fast zwei Jahre verlassen. In dieser Zeit hat er bei seinen Eltern gelebt. Und als er es geschafft hatte, clean zu werden, habe ich ihn wieder aufgenommen. Der einzige Platz, wo er hingehen könnte, wäre zurück zu seinen Eltern, aber sie haben selber genug Schwierigkeiten. Und weil jetzt seine beiden drogensüchtigen Brüder wieder dort leben, will er erst recht nicht wieder dorthin. Jeden Tag bettelt er mich an, ihn nicht auf die Straße zu werfen."

„Rahel", fragte ich, „du hast doch schon vor eurer Heirat gewusst, dass er einmal Drogenprobleme hatte. Was hast du dir gedacht, wie dann eure Ehe gelingen könnte?"

„Ja, ich wusste das. Aber er hat mir versichert, dass er die Therapie im Rehazentrum durchgehalten habe und vollkommen frei sei. Ich habe mir immer einen Ehemann gewünscht, der sich für Jesus einsetzt, und er hat sich eifrig in der Gemeinde engagiert, als ich ihn kennen gelernt habe. Deshalb war ich mir sicher, dass wir zusammengehörten."

„Wenn es in seiner Familie so viel Durcheinander gibt, ist dir dann nie der Gedanke gekommen, dass auch er Probleme haben könnte?", fragte ich sie.

„Ich bin vor unserer Hochzeit nie in seiner Familie gewesen", antwortete sie. „Als ich sie kennen lernen wollte, hatte er immer irgendeinen plausiblen Grund, warum das unmöglich sei. Wir sind nur drei Monate fest befreundet gewesen, bevor wir geheiratet haben. Er war der Mann meiner Träume. Manche Leute haben mich wegen seiner Drogenprobleme gewarnt. Aber ich dachte, sie wollten einfach nicht anerkennen, dass Gott ihn befreit hatte und was für ein guter Mann er war. Ich wusste auch nicht, wie das mit Drogenabhängigkeit ist. Ich hatte natürlich davon gehört, aber ich dachte, es wäre wie bei anderen Krankheiten. Wenn sie eine Behandlung gemacht hätten, seien sie für immer geheilt. Inzwischen weiß ich es besser."

„Wie lange willst du eigentlich so weiter leben? Weißt du, dass deine Töchter von euch lernen, wie eine Ehe sein sollte? Was sie bei euch erleben, kann dazu führen, dass auch sie später Abhängige heiraten. So eine Beziehung erscheint ihnen dann vertraut und normal, weil alles so ist wie zu Hause.

Ich kann verstehen, dass du den echten Tom immer noch liebst", fuhr ich fort, „denn er ist ein Juwel von einem Mann, wenn er keine Drogen nimmt. Aber dieser Juwel ist so tief unter dem Müll seiner Sucht vergraben, dass du ihn nicht mehr erreichen kannst. Und der Müll zerstört dich und deine beiden Töchter. Außerdem wirfst du ihn gar nicht auf die Strasse. Du hast mehrere Rehazentren ausfindig gemacht, die ihn aufnehmen, wenn er nur will. Wenn er stattdessen lieber auf der Straße bleiben will, dann ist das seine Entscheidung, nicht deine."

Ich erklärte ihr, dass wir niemanden außer uns selbst ändern können und deshalb nur Tom sich entscheiden konnte, Tom zu ändern. Wahre Liebe zeigt sich darin, dass man dem anderen die Freiheit zu eigenen Entscheidungen gibt und ihn die Konsequenzen seines Handelns tragen lässt.

„All die Jahre hast du dich aus Liebe zu Tom gestellt und alles versucht, um ihm zu helfen. Aber es hat ihn nicht weiter gebracht, und dich hat diese schwere Verantwortung, die du übernommen hast, an den Rand deiner Kräfte gebracht. Übergib Gott diese Verantwortung. Gott liebt Tom noch mehr als du", sagte ich zu Rahel. „Er hat großes Mitleid mit Tom. Du kannst ihn in Gottes Arme legen und ihn dort lassen. Dann kannst du dein Leben weiter leben und für deine Töchter ein gutes Zuhause schaffen."

Es fiel Rahel nicht leicht, auf diese Möglichkeit einzugehen. Aber schließlich konnte sie sich selbst eingestehen, dass ihre jahrelangen Anstrengungen, Tom zu helfen, keinen Erfolg gehabt hatten. Ich erklärte ihr, wie sie mit ihren inneren Augen sehen konnte, dass wir jetzt gemeinsam zu Gott gingen und Tom mitnahmen. „Bringe Tom jetzt zu Gott und lege Toms Hand in Gottes Hand. Und dann sage ihm: ‚Vater, ich kann nicht mehr für Tom sorgen und die Verantwortung für ihn nicht mehr tragen. Deshalb bringe ich ihn zu dir und übergebe dir alle Verantwortung für ihn. Ich weiß, dass du ihn noch mehr liebst als ich, und dass du für ihn sorgen wirst.'" Rahel betete das. „Und nun lass Tom dort bei Gott", leitete ich sie weiter, „drehe dich um und gehe zu Jesus. Nimm seine Hand und gehe mit ihm und mit deinen Töchtern in deine Zukunft."

Es folgte noch eine qualvolle Zeit für Rahel, aber schließlich sagte sie Tom, dass er nicht mehr ins Haus zurückkehren dürfe, bevor er nicht wirklich gesund geworden war. Ich empfahl Rahel, in der Zeit der Trauer, die nun für sie folgte, und während sie sich an die neuen Verhältnisse gewöhnte, die Beratung fortzusetzen. Aber sie glaubte, dass sie jetzt, wo die Spannungen wegen Tom wegfielen, stark genug war, um alleine weiterzukommen.

Christa und Jonathan

Christas früheste Kindheitserinnerung handelte davon, wie ihr Vater auf dem Bett saß und ihre Mutter ihm mit einem Brett auf den Kopf schlug, so dass das Blut über sein Gesicht lief.

„Er saß einfach da", erzählte Christa, „und machte nichts. Er ließ sich einfach von ihr verprügeln. Ich erinnere mich, wie ich die ganze Zeit dachte: ‚Nun tu doch was, Papa! Sitz doch nicht einfach nur da. Tu was!'"

Unnötig zu sagen, dass ihre Mutter nicht lange danach Mann und Kinder verließ, um wieder bei ihrer Mutter zu leben.

Jonathan hatte ähnliche Erinnerungen an seine Kindheit. Auch seine Mutter hatte den Vater geschlagen. „Ich konnte sie nicht ertragen, sie war einfach nur grausam", sagte Jonathan. „Mein Vater tat mir so leid. Ich werde nie vergessen, wie er weinend da saß und sie bat, ein wenig freundlicher zu ihm zu sein. Er betete sie an und versuchte alles, um sie glücklich zu machen. Aber sie war nie mit ihm zufrieden. Ich ging ihr einfach so gut ich konnte aus dem Weg, bis ich alt genug war, um auszuziehen."

Jonathan lebte das Leben eines Abenteurers, bis er den Herrn fand und sein Leben vollkommen umgekrempelt wurde. Bis dahin hatte er sich nie bezähmt, wenn er irgendetwas tun wollte, sondern hatte sich genommen, was sich ihm nur bot. Jonathan wusste, dass er nur durch Gottes Gnade so leben konnte, wie Gott es wollte. Mehrere Jahre arbeitete er allein als Missionar. Dann lernte er Christa kennen, die viel jünger war als er. Innerhalb weniger Wochen waren sie verheiratet.

Jonathan und Christa waren überzeugt, dass Gott sie zusammengeführt hatte, aber bald merkten sie, dass sie Schwierigkeiten bekamen. Zum Glück dokterten sie nicht erst lange allein an ihren Problemen herum, sondern kamen sofort zur Beratung. Durch schwere Krisen, aber mit viel Mut und Durchhaltevermögen kämpften sie sich durch ihre Schwierigkeiten. Sie lernten zu verstehen, was der andere mit seinen Worten meinte und was jeder vom anderen brauchte und erwartete. Dann arbeiteten sie daran, neue Formen der Verständigung zu erlernen. Dazu mussten sie ihre alten „Gewusst-wie"-Videos, die in ihrer Kindheit eingespielt worden waren, überprüfen und an kritischen Stellen fragen: „Was würde Jesus machen, wenn er jetzt in meiner Situation wäre? Wie würde ich antworten, wenn Jesus mir das gesagt hätte?"

Beide machten eine Liste von Problemen und Sünden ihrer Familien in den Generationen vor ihnen und brachten sie in einem „Daniel-Gebet" zu Gott. Dazu gehörten auch ihre Erinnerungen von Gewalt und Misshandlungen und ihre Vorstellung von hilflosen Männern und grausamen Frauen.

Manchmal fühlten sie sich frustriert und entmutigt, weil sie keinen Fortschritt sahen. „Immer wieder falle ich in die alten Verhaltensweisen zurück", stöhnte Christa. „Ich will mich ändern, aber ich vergesse das einfach zu oft."

„Ich weiß, dass du dich ändern willst", ermutigte ich sie. „Aber du brauchst Zeit dazu. Und du darfst weiterhin Fehler machen. Wenn dir das passiert und du es merkst, dann lass hinterher in deiner Vorstellung das Video von dieser Situation noch einmal ablaufen. Pass dann auf, an welcher Stelle du die falsche Richtung eingeschlagen hast. War es ein Gedanke oder ein bestimmter Satz, den du ausgesprochen hast? Wenn du das herausgefunden hast, bitte Jesus, in dein Video hereinzukommen und frage ihn, was er an deiner Stelle gemacht oder wie er reagiert und geantwortet hätte. Schau dir an, wie er mit der Situation umgegangen wäre. Dann lass das Video noch einmal von vorne ablaufen und stell dir vor, dass du neben ihm stehst und nachmachst, was er tut. Lass dieses neue Video immer wieder in deinem Kopf ablaufen, bis es Teil deiner selbst wird. Dann hast du, wenn du später in eine ähnliche Situation kommst, eine neue Strategie vorbereitet und kannst dich anders verhalten."

„Das ist es!", rief Jonathan aus, der neben ihr saß. „Wir müssen uns frühzeitig vorbereiten. Wenn wir erst in eine Auseinandersetzung verwickelt sind, ist es dazu zu spät, dann können wir nicht mehr nachdenken. Wir müssen uns unsere Fehler anschauen und neue Formen finden, wie wir reagieren können, bevor wir das nächste Mal in Gefahr kommen, aneinander zu geraten."

Es gelang ihnen, neue Verhaltensweisen zu erlernen und sich immer besser aufeinander einzustellen. Kurz nach ihrem dritten Hochzeitstag kamen Jonathan und Christa zu mir und erzählten mir strahlend, dass sie in etwa sieben Monaten Eltern werden würden. Beide waren überglücklich. „Wir wissen, dass wir uns dann auf neue Herausforderungen einstellen müssen", sagte Jonathan, „aber ich denke, dass wir das jetzt auch können."

Jonathan und Christa mussten, um neue Strukturen für ihre Ehe zu finden, zunächst Heilung für die schmerzhaften Videos aus ihrer Kindheit empfangen und dann ihre Familiengeschichte in einem „Daniel-Gebet" zu Gott bringen. Für viele Ehepaare, die in einer Krise sind, ist das ebenfalls eine Lösung. Im nächsten Kapitel werde ich Gebetsleitlinien vorstellen, die dabei helfen können.

Kapitel 8
Alte Videos löschen: Anleitungen zum Gebet

Viele Menschen tragen schmerzende Erinnerungen aus der Vergangenheit mit sich, die ihre Ehe belasten. Der erste Schritt zur Verbesserung ihrer Beziehungen ist es dann, die „Videos" dieser Erinnerungen Jesus zu bringen, damit er Vergangenes heilt und korrigiert. In Kapitel drei habe ich das eingehend erklärt.

Dieses Kapitel enthält als erstes Gebetsleitlinien, die dabei helfen können, Jesus die Kontrolle über jeden Lebensbereich zu geben und quälende Erinnerungen zu ihm zu bringen. Danach möchte ich Wege zeigen, wie man seinen Ehepartner für das, was man ihm gegenüber verkehrt gemacht hast, und für den Schmerz, den man ihm zugefügt hat, um Verzeihung bitten kann. Außerdem gibt es eine Anleitung dazu, ein „Daniel-Gebet" vorzubereiten. Am Schluss geht es darum, wie man Gott bitten kann, konkret zu zeigen, wie es mit der eigenen Ehe weitergehen soll.

Jesus als Retter und Herr

Wenn du möchtest, dass Jesus deine schmerzhaften Erinnerungen heilt, musst du ihm zuerst erlauben, in dein Leben zu kommen und die Herrschaft über jeden Bereich zu übernehmen. Warum das so ist, möchte ich an einem Beispiel erklären.

Vor einiger Zeit hatten wir in unserer Küche eine undichte Wasserleitung. Wir riefen einen Klempner an, damit er das reparierte. Stell dir vor, ich hätte nun dem Klempner, als er zu uns kam, nicht erlaubt, die Wohnung zu betreten! Ich hätte ihm gesagt, er solle die Leitung reparieren, indem er mit seinen Armen durchs Fenster lange. Unsere Wasserleitung wäre noch immer undicht!

Ich musste den Handwerker in die Küche lassen und ihm freie Hand für seine Arbeit geben. Weil ich wusste, dass er ein guter Fachmann war, ließ ich zu, dass er als Erstes unters Spülbecken kroch und alles wegwarf, womit wir das Loch notdürftig abgedichtet hatten. Dann meißelte er ein Loch in die Wand und holte die schadhafte Leitung heraus. In meinen Augen sah das alles wie ein Riesendurcheinander aus, aber der Handwerker wusste genau, was er tat. Als er fertig war, hatten wir wieder eine trockene Küche. Ich selbst hätte den Schaden nicht reparieren können.

Entsprechendes gilt, wenn du möchtest, dass Jesus deine schmerzhafte Vergangenheit heilt. Er ist der beste Fachmann dafür, aber er kann dir nur helfen, wenn du dein Leben ihm öffnest, ihn an den Schaden heranlässt und ihm freie Hand gibst für alles, was er tun will.

Vielleicht hast du Angst davor, weil du nicht überschauen kannst, was dann vielleicht alles auf dich zukommt. Jesus versteht das. Er geht mit verletzten Menschen behutsam um. Er möchte dein bester Freund sein, der dich versteht und zu dir hält, auch wenn du in deinem Leben alles durcheinander gebracht hast, obwohl du dir soviel Mühe gegeben hast, es gut zu machen. Er will deinem Leben einen neuen Sinn geben, und er will den schmerzhaften Videos deiner Erinnerung einen neuen Schluss hinzufügen.

Wenn du das willst, dann sage ihm jetzt:

„Herr Jesus, ich möchte dich in mein Leben hereinlassen. Bitte, vergib mir alles, was ich dir und anderen gegenüber falsch gemacht habe. Ich übertrage dir die Leitung meines Lebens. Jeden Lebensbereich öffne ich für dich, damit du hereinkommen und meine Verletzungen heilen und alles in Ordnung bringen kannst, was nicht richtig ist. Ich gebe dir das Recht, zu tun, was du tun musst, auch wenn es mir vielleicht so vorkommt, als ob du alles nur noch mehr durcheinander bringst. Bitte fülle mich mit deinem Frieden und deiner Freude. Ich danke dir für das, was du jetzt in mir tust."

Schmerzhafte Erinnerungen

Ich möchte nun verschiedene Bereiche schmerzhafter Erinnerungen ansprechen.

Die Angst, verlassen zu werden

Vielleicht spürst du in dir eine Einsamkeit und eine Angst vor der Verlassenheit, die tiefer reicht, als Worte es beschreiben können. Es ist eine tiefe Leere im Innersten deines Seins, die durch nichts ausgefüllt werden kann. Ihre Wurzeln reichen vielleicht in eine Zeit zurück, wo du noch keine Worte kanntest. Wenn das so ist, dann öffne diesen tiefen, leeren Ort für Jesus. Sage ihm:

„Herr Jesus, ich bin innerlich so leer. Ich habe Angst und fühle mich zutiefst einsam. Ich öffne diese Einsamkeit für dich. Bitte, komm in diese Leere hinein und nimm mich in deine Arme."

Stell dir vor, dass Jesus dich als neugeborenes Baby in die Arme nimmt. Er lächelt dich an und ist glücklich, weil er dich in seinen Armen hält. Immer, wenn du geschlafen hast und dann aufwachst, schaut er dir tief in die Augen und lächelt dich an. Er wiegt dich in seinen Armen, gibt dir zu trinken, tröstet dich, singt dir Wiegenlieder. Schau nun zu, wie du in deinen ersten Lebensjahren aufwächst und lass das innere Bild von seinem Lächeln, seiner Fürsorge und seinem Schutz tief in die Leere in deinem Innersten hinein sinken.

Wenn dir das schwer fällt und du das nicht kannst, dann sage zu Jesus: „Herr Jesus, ich fasse jetzt deine Hand an. Bitte komm mit mir den ganzen Weg hinunter bis zu diesem leeren Platz in mir."

Stell dir vor, dass du Jesus bei der Hand nimmst und mit ihm bis hinunter zu diesem leeren Ort gehst. Und dann sage: „Ich bin ein Kind Gottes und habe das Recht, von jeder bösen Macht frei zu sein, die nicht zulassen will, dass Jesus meine innere Leere füllt. Jesus hält mich bei der Hand, und zusammen werfen wir dich nun aus meinem tiefsten Inneren hinaus. Jesus hat dich besiegt, als er am Kreuz gestorben ist, und deshalb musst du weichen."

Und dann sage zu Jesus: „Herr Jesus, bitte fülle jetzt diese Leere in mir mit deiner Liebe. Fülle mich an mit deiner Liebe, die so echt und real ist, dass sie wie reines, flüssiges Gold jeden Riss und jede Spalte in mir ausfüllt. Fülle mich immer mehr, bis alles überfließt."

Bleibe offen für Jesus, während er dich mit seiner Liebe anfüllt. Warte, bis sie jede Faser deines Lebens durchdringt. Wenn es mehrere Tage dauert, bis du dich ganz ausgefüllt fühlst, dann bleibe für Jesus offen, während du deiner täglichen Arbeit nachgehst. Bitte ihn immer wieder: „Herr Jesus, gieße du deine Liebe weiter und weiter in mich hinein", bis du ganz davon durchdrungen bist, und sie aus dir hinaus zu deinem Ehepartner und deinen Kindern zu fließen beginnt.

Kindheitserinnerungen

Vielleicht fühlst du dich, obwohl du längst erwachsen bist, manchmal wie ein vier-, ein acht- oder ein elfjähriges Kind, das von der Verantwortung der Ehe, der Elternschaft und vom Leben im Allgemeinen schier erdrückt wird. Überlege, was in deinem Leben geschehen ist, als du so alt warst, und öffne das „Video" dieser Erinnerung. Dann stell dir vor, wie du Jesus bei der Hand fasst und ihn in deine Erinnerung mit hineinnimmst. Sage ihm:

„Herr Jesus, ich nehme dich bei der Hand. Komm mit mir zurück in meine Erinnerung zu dem Platz, wo ich war, als ....
.... (zum Beispiel: mein Vater meine Mutter geschlagen hat; dieser Junge beziehungsweise dieses Mädchen ein Doktorspiel mit mir gespielt hat usw.) Ich sehe mich .... (zum Beispiel: zwischen meinen Eltern, wie ich versuche, meine Mutter zu schützen; auf dem Bett beim Doktorspiel usw.). Diese Erinnerung tut so weh, dass ich sie nicht mehr tragen kann. In deinem Namen, Herr Jesus, bücke ich mich jetzt, nehme den Boden dieses Raumes und rolle ihn von einer Wand bis zur anderen auf, zusammen mit .... (zum Beispiel: meinen Eltern und dem verängstigten Kind usw.). Ich falte alles zusammen und zerstampfe es zu so kleinen Stücken wie Asche. Herr Jesus, bitte halte jetzt einen großen Sack für mich auf. In deinem Namen werfe ich die Asche von meiner Erinnerung in diesen Sack."

Wenn du das in deiner Vorstellung getan hast, nimm Jesus mit zu dem nächsten Vorfall, der dir in den Sinn kommt, und mache das Gleiche. Wenn du mit allem fertig bist, was dir im Augenblick ins Gedächtnis kommt, dann bete weiter:

„Herr Jesus, in deinem Namen schließe ich jetzt diesen Sack. Bitte, bedecke ihn mit deinem Blut und versiegele ihn, damit ihn niemand wieder öffnen kann. Ich lege diesen Sack auf deine Schultern. Bitte trage ihn zum Kreuz. Danke, dass du dafür gestorben bist, dass ich von diesem Schmerz frei werden kann."

Schau zu, wie Jesus den Sack mit deinem Schmerz ans Kreuz bringt. Sieh, wie Jesus mit diesem Sack auf den Schultern am Kreuz hängt, und wie der ganze Sack dann hinunter in die Hölle fällt, woher er gekommen ist.

Aber Jesus blieb nicht tot, er ist wieder lebendig geworden. Und nun kommt er mit ausgestreckten Armen zu dir und du rennst zu ihm hin. Er nimmt dich auf seinen Schoß und du kuschelst dich in seine Arme. Dort bist du ganz sicher und geschützt. Sieh Jesus in die Augen. Wie schaut er dich an? Was sagt er dir? Wie fühlst du dich in seinen Armen? Frage ihn, ob du für immer dort bleiben und ihm zuhören darfst. Welche Gedanken kommen jetzt in deinen Kopf?

Bitte ihn: „Herr Jesus, fülle diesen Platz in mir, der so voller .... (zum Beispiel: Schmerz, Angst usw.) war, mit deiner Liebe. Bitte gib mir etwas Schönes anstelle dieser schmerzhaften Erinnerungen. Zeige mir, was ich nach deinem Willen eigentlich hätte erleben sollen."

Nun schau noch einmal in jenen Raum oder an den Ort, wo du die schmerzhaften Erlebnisse hattest. Schau zu, was passiert, wenn Jesus dorthin kommt (vielleicht ist der Platz auch einfach verschwunden und du siehst ihn nicht mehr). Was macht Jesus mit dir zusammen? Wie fühlst du dich jetzt, wo Jesus da ist? Dies ist der neue Abschluss für dein altes Video. Wenn du dich nun in Zukunft wieder einmal an jene Vorfälle erinnerst, dann stelle dein Video auf „Schnelllauf vorwärts", bis du dahin kommst, wo Jesus deinen Schmerz wegnimmt und alles neu macht. Wenn du Jesus gehörst, ist es dein Recht, in diesem schönen Abschluss zu leben, den er deinem Video hinzugefügt hat.

Schmerzhafte Erinnerungen aus der Ehe

Bringe als Nächstes die schmerzhaften Erinnerungen aus deiner Ehe zu Jesus. Fange mit der Zeit an, wo du deinem Ehepartner zum ersten Mal begegnet bist, erinnere dich, wie ihr euch näher kennen gelernt habt, an eure Flitterwochen, eure ersten Jahre bis zum heutigen Tag. Lass alle schmerzhaften Videos abspielen, eins nach dem anderen, und bringe sie so, wie ich das in den letzten Abschnitten erklärt habe, zu Jesus.

Vielleicht ist dein Schmerz so groß, dass du kaum einzelne Vorfälle voneinander trennen kannst. Möglicherweise ist deine Ehe eine

Fortsetzung des Alptraumes von Schmerz und Horror, der in deiner frühesten Kindheit angefangen hat. Dann hast du vielleicht das Gefühl, dass sich dein Schmerz mit einer nicht endenden Folge von leidvollen Szenen wie ein langer Läufer durch den Korridor der Jahre zieht.

Dann nimm Jesus mit an den Anfang dieses Läufers. Sage ihm: „Herr Jesus, ich nehme dich bei der Hand. Bitte komm mit mir zurück durch diesen Korridor der Zeit bis dahin, wo dieser lange Läufer des Schmerzes beginnt. In deinem Namen, Jesus, bücke ich mich, nehme diesen Läufer hoch und rolle ihn zusammen. Ich rolle mit hinein, wie ich .... (zum Beispiel: körperlich oder mit Worten misshandelt oder sexuell missbraucht worden bin), die Zeit, wo .... (Name deines Ehepartners) mir untreu war, als er/sie betrunken nach Hause kam, als er/sie tagelang verschwunden war usw.). Ich rolle auch die Szene zusammen, als ich .... (Name deines Ehepartners) verletzt habe, jenen Abend, wo ich .... (zum Beispiel: so wütend auf ihn/sie war, dass ich ihn/sie in Gegenwart unserer Freunde heruntergeputzt habe usw.). Ich rolle diesen Läufer meines Lebens bis hin zum heutigen Tag weiter zusammen. Und nun werfe ich das alles im Namen Jesu in die Hölle zurück, von wo es gekommen ist.

Herr Jesus, bitte, gieße nun deine Liebe in diesen Korridor meiner Lebensjahre hinein. Lass deine Liebe wie flüssiges Gold in meine Vergangenheit hineinfließen und dort, wo der schmerzhafte alte Läufer gelegen hat, einen neuen, goldenen Läufer bilden."

Sieh nun zu, wie Jesus das tut. Geh an den Anfang deines Lebens zurück und sage zu Jesus: „Herr Jesus, ich nehme deine Hand und gehe mit dir zusammen über diesen neuen Läufer aus Gold. Bitte lege deinen Arm um mich, und dann gehen wir zusammen, du und ich, durch diesen Korridor meines Lebens. Zeige mir die schönen Szenen, die du für mich auf meinen neuen Läufer aufgedruckt hast. Und wenn wir nun durch die Zeit vorangehen, nimm auch meinen Ehepartner und unsere Kinder bei der Hand. Mit dir zusammen wollen wir in meine und unsere Zukunft gehen."

Geliebte Menschen zu Gott bringen

Vielleicht ist dein Ehepartner oder dein Freund oder irgendjemand anders, den du geliebt hast, gestorben oder er hat dich verlassen. Oder du weißt, dass du die Beziehung zu einem alten Freund beziehungsweise einer Freundin oder zu jemand anderem abbrechen sollst, fühlst dich aber emotional immer noch an ihn oder sie gebunden. Vielleicht hast du eine Abtreibung vornehmen lassen und die Erinnerung an dein Baby quält dich noch immer. Oder du fühlst dich noch immer so an deine Eltern oder deine erwachsenen Kinder gebunden, dass du in deinem neuen Lebensabschnitt nicht heimisch wirst. Wenn das so ist, dann stell dir vor, die Hand dieses Menschen zu fassen (oder das Baby auf den Arm zu nehmen), und sage:

„.. (der Name deines Ex-Ehepartners, deines Vaters, deiner Mutter, deines Sohns, deiner Tochter, deines Babys usw.), ich nehme dich bei der Hand (in meine Arme), und zusammen gehen wir zu Gott, dem Vater. Gott, du hast gesagt, dass ich als dein Kind geradewegs zu deinem Thron kommen darf. Ich komme jetzt zu dir mit .... (meinem Mann, meiner Frau, Vater, Mutter, Baby usw.). Ich habe versucht, ... (zum Beispiel: sie/ihn glücklich zu machen, zu verändern, aus Schwierigkeiten heraus zu holen, von meiner Liebe zu überzeugen, sie/ihn zu vergessen usw.), und habe es nicht geschafft. Ich akzeptiere jetzt, dass ich keinen Menschen verändern kann. Und deshalb gebe ich dir, Gott, meine/n .... (zum Beispiel: Vater, Ex-Ehepartner, Sohn, Freund/Freundin). Bitte nimm ihn/sie auf deinen Schoß und in deine Arme. Ich übergebe dir die volle Verantwortung für sie/ihn. Bitte .... (zum Beispiel: bringe in sein/ihr Leben, was für ihn/sie am besten ist; sage meinem Baby, dass es mir Leid tut und dass ich es liebe usw.).

Und nun Vater, lasse ich ihn/sie los. Ich drehe mich um und lasse ihn/sie hinter mir in deinen Armen. Ich nehme deine Hand, Herr Jesus. Bitte lege deine Arme um mich. Mit dir gehe ich jetzt in meine Zukunft in dem Wissen, dass .... (zum Beispiel: mein Ehepartner, Vater, Sohn, Baby usw.)

in Gottes Armen sicher ist, weil er ihn/sie mehr liebt, als ich es könnte."

Wenn du so deinen Ehepartner (Vater, Sohn usw.) zu Gott gebracht hast und mit Jesus weggegangen bist, frage ihn, bevor du wieder mit diesem Menschen in Kontakt trittst, was du tun oder sagen und wie du dich verhalten sollst.

Fehler eingestehen und um Vergebung bitten

Weil wir als Menschen nicht vollkommen sind, passiert es uns immer wieder, dass wir einander verletzen. Auch wenn wir das nicht absichtlich tun, müssen wir dafür um Entschuldigung bitten, sobald wir es merken. Das gehört einfach zu den Grundregeln der gegenseitigen Achtung und der Höflichkeit. Aber oft machen wir das in sehr allgemeiner Form und erwähnen gleich anschließend, dass der andere ja auch etwas falsch gemacht hat. Dann sagen wir vielleicht: „Bitte entschuldige alles, was dich verletzt haben könnte, aber es war zum Teil auch dein Fehler, weil du immer so ungeduldig bist."

Doch solch eine „Entschuldigung" macht alles nur noch schlimmer. Das hat zwei Gründe. Erstens übernehmen wir so nicht die Verantwortung für eine bestimmte Reaktion oder Handlung. Und außerdem hebt alles, was wir nach dem „Aber" sagen, das wieder auf, was wir davor gesagt haben. So verdrehen wir die „Entschuldigung" in eine Anklage und verletzen den anderen nur umso mehr.

Damit das nicht geschieht, bitte Gott, dir alle einzelnen Dinge zu zeigen, die du getan oder gesagt hast (oder unterlassen hast, aber hättest tun sollen) und für die du deinen Mann beziehungsweise deine Frau noch nicht um Verzeihung gebeten hast. Schreib dann, ohne mit Gott zu diskutieren, alles so auf, wie es dir in den Kopf kommt. Wenn du damit anfängst, fallen dir sicher auch viele Dinge ein, für die dein Ehepartner um Entschuldigung bitten müsste. Schreib das auch auf und bitte Gott dann noch einmal, dir zu zeigen, was du verkehrt gemacht hast. Denke daran, Einzelheiten aufzuschreiben, zum Beispiel: „Ich habe meiner Frau gestern Abend beim Abendbrot vorgeworfen, dass sie immer alles verkehrt macht, und sie damit verletzt."

Wenn du beide Aufstellungen fertig hast, nimm zuerst deine Liste von den Dingen, mit denen dein Ehepartner dich verletzt hat und für die er um Entschuldigung bitten sollte. Bringe dann jede einzelne dieser schmerzhaften Erinnerungen zu Jesus, damit er dich davon befreien und dich heilen kann.

Dann nimm die Liste mit den Dingen, die du verkehrt gemacht hast, nenne Jesus jeden einzelnen Vorfall und bitte ihn um Vergebung, zum Beispiel so:

„Herr Jesus, ich habe gestern Abend beim Abendbrot meiner Frau vorgeworfen, sie mache immer alles verkehrt. Ich bekenne dir, dass ich das aus .... (zum Beispiel: Ärger, Frust, Ungeduld, usw.) gesagt habe, und bitte dich, mir zu vergeben. Ich rolle diese ganze Erinnerung auf und werfe sie in den Sack, den du bereithältst, damit du ihn ans Kreuz tragen kannst."

Gehe so durch deine ganze Liste, bis du für jeden Punkt um Vergebung gebeten und die Erinnerung daran Jesus gegeben hast. Dann bete weiter:

„Jesus, ich verschließe diesen Sack in deinem Namen. Bedecke ihn mit deinem Blut und versiegele ihn, damit niemand ihn wieder öffnen kann. Ich lege diesen Sack mit meiner Schuld und den Verletzungen, die ich .... (Name deiner Frau/deines Mannes) zugefügt habe, auf deine Schultern. Bitte trage ihn für mich ans Kreuz. Ich danke dir, dass du das jetzt tust, und dass nun dieser ganze Sack in die Hölle fällt, woher all das Böse gekommen ist.

Jesus, du hast mir gesagt, dass du mir statt der Asche Schönheit geben willst. Bitte lege etwas Schönes dorthin, wo die gegenseitigen Verletzungen und die Sünde von mir und meiner Frau/meinem Mann gewesen sind."

Geh dann in deiner Vorstellung mit Jesus zurück zu dem Ort dieser Erinnerungen und sieh dir das Schöne an, das er jetzt dorthin bringt, und ihn dadurch verwandelt in einen Ort der Heilung und der Neuanfänge in deinem Leben.

Sieh dann noch einmal die Liste mit den Dingen durch, mit denen dein Ehepartner dich verletzt hat und für die er/sie sich entschuldigen müsste. Vergib ihm/ihr, was er dir angetan hat. Schau dir mit Jesus die Videos in deiner Erinnerung an und sage dann in deinen Gedanken zu deinem Ehepartner: „..
(Name deines Ehepartners), ich vergebe dir, dass du damals ....

.... (zum Beispiel: versprochen hast, um sieben Uhr abends zurück zu sein, aber bis zum Morgen weggeblieben bist und mich nicht einmal angerufen hast, usw.)."

Wenn du das Gefühl hast, dass du deinem Ehepartner nicht vergeben kannst, dann sage: „Ich selbst kann dir nicht vergeben, aber ich gebe dir die Vergebung weiter, die Jesus mir gibt. Und so vergebe ich dir, dass du damals ....
(zum Beispiel: versprochen hast, um sieben zu Hause zu sein usw.) Herr Jesus, ich fühle jetzt im Augenblick keine Vergebung, aber ich habe mich entschlossen, deine Vergebung weiterzugeben. Und nun musst du dich um den Rest kümmern."

Geh so jeden Punkt auf deiner Liste durch, dann nimm deine Liste der Dinge, die du verkehrt gemacht hast, und bitte deinen Ehepartner um Vergebung für jeden einzelnen Vorfall, und zwar ohne dich dabei irgendwie wieder herauszureden oder zu rechtfertigen. Wenn du nicht mit ihm oder ihr sprechen kannst, schreibe einen Brief.

Vielleicht denkst du jetzt: „Aber das wird er später gegen mich gebrauchen." Das kann sein, aber das ist dann Gottes Problem. Deine Aufgabe ist es, einzugestehen, was du falsch gemacht hast und dafür um Verzeihung zu bitten. Wenn du das tust, heißt du damit nicht die Fehler deines Partners gut und übernimmst auch nicht die Verantwortung dafür. Aber du gestehst deine eigenen Fehler ein und übernimmst die Verantwortung für dein verletzendes Verhalten, damit der Schmerz, den du verursacht hast, heilen kann.

Du kannst das so ausdrücken: „Gott hat mir gezeigt, dass ich mich für bestimmte Dinge, mit denen ich dich verletzt habe, noch nicht um Verzeihung gebeten habe, und das will ich jetzt nachholen. Ich habe damals .... (zum Beispiel: versprochen, um sieben zurück zu sein, war aber bis zum Morgen mit meinen alten Kumpeln zusammen. Und du warst beunruhigt, aber ich habe dich nicht einmal angerufen usw.). Das war verkehrt und ich weiß jetzt, dass ich dich damit verletzt habe. Es tut mir Leid, und ich bitte dich dafür um Verzeihung."

Manchen Leuten ist unwohl, wenn jemand sie um Verzeihung bittet, und sie wischen die Entschuldigung beiseite. „Oh, das war nicht schlimm", sagen sie dann, oder vielleicht: „Du brauchst dich nicht zu entschuldigen"; „Vergiss es "; „Das war nicht nötig."

146

Damit lassen wir den, der sich entschuldigt, in der Luft hängen, als ob er nur überempfindlich wäre oder nicht verstehe, was passiert ist, oder einfach nur dumm war, als er dachte, er müsse um Entschuldigung bitten. Zugleich vermitteln wir die versteckte Botschaft: „Ich entscheide, ob du für irgendetwas um Entschuldigung bitten musst. Ich kann das besser beurteilen als du. Ich habe deine Bitte um Entschuldigung nicht nötig." Mit anderen Worten: „Ich behalte die Kontrolle über diesen Vorfall." Was bedeutet, dass die Sache dann noch immer nicht erledigt ist.

Stattdessen können wir einfach antworten: „Danke, dass du mir das sagst. Ich vergebe dir. Bitte vergib du auch mir, dass ich .... (dein Teil des Problems)." So lassen wir los, was zwischen uns stand. Wir drücken aus: „Ich akzeptiere deinen Wunsch, die Dinge wieder gutzumachen. Ich setze dich frei. Bitte, gib du mich auch frei."

Wenn du um Entschuldigung bittest, kann es sein, dass dein Ehepartner beginnt, dich als Antwort darauf mit Beschuldigungen zu überhäufen – vielleicht sogar für Dinge, für die du gar nicht verantwortlich bist. Wenn das passiert, denke daran, dass jetzt der Schmerz deines Partners aufbricht. Verteidige dich dann nicht, sondern höre einfach zu und versichere weiter: „Es tut mir Leid. Ich merke jetzt, wie sehr dich das verletzt hat. Bitte, verzeih mir."

Dies ist nicht der richtige Zeitpunkt zu zeigen, wo dein Partner etwas falsch sieht oder nicht versteht. Wenn dein Ehepartner es zulässt, nimm ihn in den Arm, bis er wieder ruhiger wird, und bitte ihn nochmals, dir zu verzeihen.

Vielleicht bittet dein Partner dich um Vergebung für etwas, das du bisher gar nicht wusstest und das so vernichtend ist, dass du es nicht so einfach vergeben kannst. Dann sage die Wahrheit: „Das ist so schockierend, dass ich dir im Augenblick nicht vergeben kann. Ich fühle mich sehr verletzt. Ich kann dir nur Gottes Vergebung geben. Ich brauche Zeit, um nach dem, was du mir gesagt hast, erst einmal wieder zur Besinnung zu kommen."

Dann bringe, was du jetzt erfahren hast, und auch deinen Schock, deinen Schmerz und deine Wut zu Jesus, gib ihm das alles und atme seinen Frieden ein. Wenn der Schmerz in dir wieder aufsteigt, was passieren wird, wirf ihn von neuem auf Jesus und atme wieder seinen Frieden ein. Dies ist wirklich ein Austausch wie beim Atmen. Du atmest – oder schreist und weinst – deinen Schmerz hinaus und atmest Jesu Frieden ein, bis der Schmerz sich beruhigt.

Denke daran, dass du Zeit brauchst, um über das zu trauern, was dein Partner dir bekannt hat. Wenn du durch die Phasen des Schmerzes gehst, erlaube dir zu fühlen, was du fühlst. Mache dir bewusst, dass du durch eine Zeit der Trauer gehst, die einmal enden wird. Wenn du es kannst, sage Gott, dass du seine Vergebung an deinen Ehepartner weitergibst:

„Gott, ich kann .... (Name deines Ehepartners) nicht aus mir selbst heraus vergeben, was er/sie mir angetan hat. Aber ich entscheide mich dafür, ihm/ihr gegenüber deine Vergebung auszusprechen. Ich gebe dir, ...
.... (Name des Ehepartners), die Vergebung Jesu weiter. Ich kann das im Augenblick noch nicht fühlen, aber ich habe mich dafür entschieden und für den Rest musst du, Gott, sorgen."

Bringe Jesus, damit er deinen Schmerz heilen kann, alles, was dein Ehepartner dir bekannt hat, einschließlich all der Dinge, von denen du dir vorstellst, dass sie geschehen sein könnten. Öffne für ihn die Videos von dem, was wirklich geschehen ist, und auch diejenigen, die sich nur in deiner Fantasie abspielen. Jesus will diese Berge von Schmutz und Asche durch Gutes und Schönes ersetzen.

Dann sprich mit deinem Ehepartner oder schreibe ihm/ihr einen Brief. Sage ihm/ihr, dass du ihm/ihr die Vergebung Jesu geben willst. Bitte dann selbst um Vergebung für alles, was du vielleicht zu dem Problem beigetragen hast.

Du wirst einige Zeit brauchen, bis du innerlich wieder heil geworden bist. Warte das ab, bevor du irgendwelche weit reichenden Entscheidungen triffst. Denke daran, dass Gott zerbrochene Ehen heilen und euch Frieden und Ruhe geben will.

Der Familienstammbaum

In Kapitel sechs hatte ich von Michael erzählt, der in seiner Ehe auf Probleme gestoßen war, die schon seine Eltern und Großeltern gekannt hatten. Wir hatten uns dann in der Beratung mit seinem Familienstammbaum befasst und ich hatte ihm am Beispiel von Daniel gezeigt, wie er dieses schlimme Erbe ablegen konnte, indem er sich zu den Sünden seiner Vorfahren stellte und dafür um Vergebung bat.

Wenn du in deiner Ehe Probleme entdeckst, die sich ständig wiederholen, kann auch das Fehlverhalten und Sünde sein, die in deiner Familie seit Generationen immer weiter „vererbt" worden ist.

Um diesen Kreislauf zu beenden, bereite einen Familienstammbaum über vier Generationen vor und schreib dir auf, was für besondere Schwierigkeiten und Sünden es in deiner Familie gegeben hat. Dabei geht es nicht darum, vergangene Generationen bloßzustellen oder jemanden zu beschuldigen. Du tust es, um die dunklen Bereiche deiner Familiengeschichte ins Licht Jesu zu bringen und ihre Auswirkungen auf dein Leben, deine Ehe und auch auf deine Kinder zu durchbrechen.

Fange mit dir als der ersten Generation an. Denke darüber nach, ob es in deinem Leben – auch in der Zeit, bevor du Jesus angenommen hast – besonders schwere oder auffällige Probleme gegeben hat wie zum Beispiel Depressionen, starke Reizbarkeit, ungewöhnliche finanzielle Schwierigkeiten, unheimliche Unfälle, häufige Fehlgeburten, unerwünschte Scheidungen und so weiter.

Notiere dir das alles und gehe dann zum nächsten Bereich über: ausgeprägte und hartnäckige Sünden wie Ärger, Fluchen, Wutausbrüche, Vergötterung von Kriegshelden, Kriminalität, Rassismus, übersteigertes Männlichkeitsgefühl, verbale, körperliche oder sexuelle Misshandlungen von Kindern oder Ehepartnern, Schürzenjägerei, Inzest, sexuelle Untreue, Promiskuität, Prostitution, Homosexualität oder lesbische Neigungen, Abtreibungen, Nörgelei, Manipulation, Kritiksucht, Klatschsucht oder Kontrollsucht, Verschwendungssucht, Verlassen der Familie, Scheidungen, Kinder vorziehen, Beziehungsabhängigkeit, Süchte jeglicher Form, zum Beispiel nach Alkohol, Drogen, Zigaretten, Pornographie, Arbeit, Einkaufen, Fernsehen, Spielen.

Als Drittes überlege, ob es in deinem Leben in irgendeiner Form Kontakt mit dämonischen Mächten gegeben hat, also geistliche Sünden: Hast du spiritistische Medien befragt, dir aus der Hand lesen lassen, okkulte oder Horrorvideos, -filme oder -spiele angesehen, entsprechende Bücher gelesen, kennst du okkulte Erscheinungen, hast du Ouijabretter oder Tarot-Karten benutzt, dir heavy-metal oder satanische Musik angehört, einen Pakt mit dunklen Mächten abgeschlossen, oder gehörst du zu einer Geheimgesellschaft?

Wenn du über diese Dinge nachdenkst, behalte im Auge, dass alle diese Sünden, wenn du sie Gott schon früher bekannt und ihn um Vergebung gebeten hast, auch vergeben sind und bleiben. Es geht jetzt nicht darum, dafür noch einmal um Vergebung zu bitten, sondern darum, das Erbe zu brechen, das es ihnen ermöglicht, in die folgenden Generationen überzugehen. Wenn du Kinder hast, die schon so alt sind, dass sich bestimmte Charaktereigenschaften erkennen lassen, schließe auch ihre Schwierigkeiten mit ein.

Schau dir als nächstes die Beziehungen zwischen dir und deinen Geschwistern an. Gibt es irgendwelche Familienfehden? Seid ihr vielleicht unfähig, Liebe auszudrücken oder um Verzeihung zu bitten? Wurde in der Geschwisterreihe ein bestimmtes Kind vorgezogen? Sind eure Beziehungen geprägt von Manipulation, verbaler oder körperlicher Gewalt, Schweigen als Mittel der Konfliktbewältigung? Gab es bei dir oder deinen Geschwistern sexuelle Promiskuität, Frigidität oder Inzest? Schreib alles auf, was dir einfällt.

Dann kommt die Generation deiner Eltern, Onkel, Tanten und deren Kinder an die Reihe. Wie sind und waren die Beziehungen zwischen ihnen? Gab es zwischen ihnen ungute Verflechtungen oder haben sie vielleicht jeglichen Kontakt zueinander abgebrochen? Gab es besondere Sünden oder Probleme? Wie sahen ihre Ehen aus? Gab es Trennungen, Scheidungen, unverheiratetes Zusammenleben, Abtreibungen, uneheliche Kinder?

Wenn du alles notiert hast, was dir eingefallen ist, geh zur Generation deiner Großeltern und Urgroßeltern weiter. Auch hier geht es um schwierige Charaktereigenschaften, Beziehungsprobleme und ausgeprägte Sünden. Wenn du diese Generationen nicht mehr selbst kennen gelernt hast, hat man dir über sie vielleicht Geschichten oder Gerüchte erzählt. Bist du da auf ein Geheimnis gestoßen, über das nur Andeutungen gemacht wurden? Weißt du etwas darüber, wie sie in ihren Ehen zusammengelebt haben und wie sie mit ihren Kindern umgegangen sind? Gab es Manipulation, Gewalt, sexuellen Missbrauch, Süchte, okkulte Praktiken? Schreibe alles auf, was du von deinen Großeltern und Urgroßeltern väterlicher- und mütterlicherseits weißt. Wenn du adoptiert oder von Pflegeeltern aufgezogen worden bist, dann verfolge auch die Linie ihrer Familien.

Wenn du damit fertig bist, mache eine Zusammenfassung deiner Notizen. Wie weit kannst du bestimmte Sünden und Fehlhaltungen, wie zum Beispiel sexuelle Verfehlungen, Gewalt, Misshandlungen, Scheidungen, Süchte zurückverfolgen? Gibt es in deiner Familie bestimmte „Männersünden" wie Bindungen an Pornographie, sexuelle Untreue, übersteigertes Männlichkeitsgefühl, oder „Frauensünden", wie Klatschsucht, Abtreibungen, lesbische Neigungen? Wenn du deine Zusammenfassung fertig hast, bringe alles in einem „Daniel-Gebet" zu Gott.

Schon in Kapitel sechs hatte ich erklärt, dass Daniel selbst an den Sünden, die er Gott bekannte, keinen Anteil hatte. Trotzdem betete er: „Wir und unsere Väter haben gesündigt", das heißt auch: „Ich und meine Familie haben gesündigt." Auch du hast nicht alles getan, was in deiner Familie vorgekommen ist. Aber wenn du dich jetzt mit den Sünden deiner Familie identifizierst, hast du als Kind Gottes und als Mitglied deiner Familie das Recht und die Vollmacht, die Bindungen zu brechen, die durch diese Sünden seit Generationen weitervererbt worden sind. Es geht in diesem Gebet also nicht darum, dass du deine persönliche Beziehung zu Gott bereinigst, denn nach wie vor bist du sein Kind und sind dir deine Sünden vergeben. Es geht darum, den Fluch bestimmter Sünden zu durchbrechen, der seit Generationen auf deiner Familie gelegen hat. Du kannst das folgende Gebet als Anleitung dazu benutzen.

Das „Daniel-Gebet"

„Gott, ich bekenne vor der sichtbaren und der unsichtbaren Welt: Ich und meine Familie haben gesündigt. Als dein Kind und als Mitglied meiner Familie bringe ich dir meine Sünden und die Sünden meiner Familie. Ich bekenne: Ich und meine Familie haben .... (zum Beispiel: seit drei Generationen Spiritisten befragt; uns aus der Hand lesen lassen; satanische Musik gehört; geheime Pakte mit dunklen Mächten geschlossen; usw.)." Mache so weiter, bis du deine Liste der spiritistischen

Sünden beendet hast. Dann bitte Gott: „Vater, ich bitte dich nun, dass du mir und meiner Familie vergibst."

Dann gehe weiter zu den anderen Familiensünden, die du aufgeschrieben hast.

„Vater, ich bekenne: Ich und meine Familie sind ....
.... (zum Beispiel: seit drei Generationen alkoholabhängig; die Männer in unserer Familie sind körperlich und verbal gewalttätig, haben ihre Familien verlassen usw. Die Frauen sind beziehungsabhängig, nörglerisch, verschwendungssüchtig usw. Wir sind Rassisten, homosexuell, haben Schwangerschaften außerhalb oder vor der Ehe usw.)."

Nimm dir zum Schluss deine Aufzeichnungen von Familienproblemen vor und bringe sie Gott.

„Vater, ich bekenne dir: Ich und meine Familie ....
.... (zum Beispiel: leiden unter Depressionen und emotionalen Problemen, wir haben große Summen Geld verloren, wir haben häufige und seltsame Unfälle, Einbrüche, tragische Todesfälle usw.).

Vater, ich bekenne alles dies vor dir und bitte dich um Vergebung für mich und meine Familie. Jesus, ich bitte dich, diese Probleme und Sünden mit ans Kreuz zu nehmen und sie für mich und meine Familie zu tragen. Danke, dass du die Strafe dafür auf dich genommen hast.

Im Namen Jesu erkläre ich, dass jeder Pakt, den meine Familie mit dem Reich der Finsternis geschlossen hat, ob es darum ging, Macht zu erlangen, Reichtum, Liebe oder andere Vorteile, durch den Bund des Blutes Jesu durchbrochen und aufgelöst ist. Ich erkläre im Namen Jesu, dass ich und meine Familie, meine Kinder und meine Enkel von Generation zu Generation Jesus gehören und unter seinem Schutz stehen. Du bist die Quelle all unserer Kraft, du erfüllst uns mit Liebe und gibst uns alles, was wir zum Leben brauchen. Und nur was du uns gibst, wollen wir haben.

Im Namen Jesu erkläre ich, dass jeder Fluch, der auf mich und meine Familie Einfluss hatte, von Jesus durchbrochen und weggewaschen ist. Ich erkläre, dass für mich und meine Familie das Erbe des Fluches der Sünde gebrochen ist und wir nun von Generation zu Generation durch den Herrn Jesus Christus unter dem Erbe des Segens Gottes stehen.

Ich gelobe, dem Herrn und Gott des Himmels und der Erde, Vater, Sohn und Heiligem Geist, bis zu meinem Tod treu zu dienen und zu folgen.

Gott, ich nehme jetzt deine Vergebung für mich und meine Familie an. Ich vergebe meinen Eltern, meinen Großeltern und meinen Urgroßeltern die Sünden, die sie getan haben und die auf mich, meine Ehe und meine Kinder zerstörerisch gewirkt haben. Im Namen Jesu segne ich meine Eltern, meine Großeltern und meine Urgroßeltern.

Du, Herr Jesus, bist gekommen, um die Werke des Teufels zu zerstören, und ich erkläre in deinem Namen, dass heute die Macht dieser Sünden über mich und meine Familie, meine Ehe und unsere Kindern durchbrochen ist. Jesus, du sagst, dass Satan ein Dieb ist und dass ein Dieb siebenfach ersetzen muss, was er gestohlen hat. Heute beanspruche ich in deinem Namen, Herr Jesus, siebenfach alles zurückzubekommen, was Satan mir und meiner Familie gestohlen hat.

Herr Jesus, ich bitte dich um deinen Segen für mein Leben. Und ich segne in deinem Namen meinen Ehepartner und unsere Ehe. Ich segne unsere Kinder und unsere Enkel und die Generationen nach ihnen. Ich segne sie mit der Fähigkeit, zu hören, wie du zu ihnen sprichst, zu begreifen, was du ihnen sagst, und in deiner Kraft zu tun, was du ihnen sagst. Ich segne sie mit Unterscheidungsvermögen und Weisheit, damit sie gute Freunde und später einen guten Ehepartner wählen, mit dem sie ein von gegenseitiger Liebe erfülltes, stabiles Heim aufbauen können. Ich segne sie mit Weisheit und Liebe, damit sie ihre Kinder in deinen Wegen erziehen können und dass diese wiederum lernen, ihre Kinder deine Wege zu lehren und so ganze Generationen Kämpfer in deinem Königreich werden. Danke für alles, was du bist, und was du in mir, in meiner Familie und in den kommenden Generationen tust. Amen."

Zerbrochene Beziehungen

Gott möchte, dass verletzte und gefährdete Ehen wieder heil werden. Aber er zwingt niemanden, seine Wege zu gehen und seine Heilung anzunehmen. Deshalb kann es sein, dass jemand eines Tages den Kampf um seine Ehe aufgeben muss, weil der Ehepartner nicht bereit ist, an sich selbst und an der Beziehung zu arbeiten, oder die Ehe einfach nicht mehr will. Dieser Bruch ist schmerzhafter, als es das Ende der Ehe durch den Tod des Partners wäre. Um dann frei zu werden von der emotionalen Bindung an den anderen und um in eine Zukunft als Alleinstehender gehen zu können, bleibt nichts anderes übrig, als ihn oder sie freizugeben und loszulassen.

Aber davor steht die Frage: „Soll ich das überhaupt tun? Will Gott wirklich, dass ich in eine Scheidung oder Trennung einwillige oder sie selbst in die Wege leite?"

Vielleicht hat dein Mann/deine Frau dich wegen einer anderen Frau/einem anderen Mann verlassen und besteht auf einer Scheidung. Aber du verstehst Ehe als lebenslange Beziehung. Oder er/sie will die Ehe aufrechterhalten, geht aber an den Wochenenden immer auf Abwege, lässt sich mit anderen Partnern ein, nimmt Drogen oder betrinkt sich und wird nachher gewalttätig.

Du weißt, dass du deine Kinder und dich selbst vor Misshandlungen und Krankheit schützen musst, vielleicht sogar vor AIDS, aber dein Ehepartner tut dir Leid, du fühlst dich an sie/ihn gebunden und weißt nicht, was du tun sollst. Du fragst dich, wo die Verantwortung für Leben und Gesundheit von dir und deinen Kindern den Vorrang hat und deine Verantwortung und Loyalität gegenüber deinem Ehepartner enden. Und vor allem, was Gott von dir will.

Vielleicht hast du bis jetzt hauptsächlich für deinen Ehepartner gebetet und fast vergessen, für dich selbst zu beten. Dann bringe jetzt deinen Ehepartner zu Gott. Wie du das tun kannst, habe ich weiter oben in diesem Kapitel beschrieben. Und dann fange an, für dich selbst zu beten. Zuerst kommt dir das vielleicht egoistisch vor. Vielleicht hat man dir beigebracht, dass du dich selbst vergessen und nur an andere denken musst. Aber du hast nun die Verantwortung für deinen Ehepartner Gott übergeben und kannst deshalb guten Gewissens für dich selbst beten.

Sage Gott: „Vater, ich habe ....
.... (Name deines Ehepartners) in deine Arme gelegt. Du hast nun die Verantwortung für sie/ihn. Ich muss wissen, was du von mir in Bezug auf unsere Ehe willst. Ich habe bisher fast nur für ihn/sie gebetet. Aber nun frage ich dich, welchen Weg du mir zeigst und was ich tun soll."

Überlege dir, wie bald du eine Antwort von Gott brauchst. Kannst du zwei Wochen warten, einen Monat, drei Monate? Sage Gott: „Ich habe nun .... (zum Beispiel: sechs Monate, drei Jahre) darauf gewartet, dass du unsere Ehe veränderst. Nun muss ich klar wissen, wie es weitergehen und was ich tun soll. Ich muss eine Entscheidung treffen. Ich gebe dir jetzt alle meine eigenen Vorstellungen und Wünsche, ... (zum Beispiel: ihn/sie zu verlassen; ihn/sie frei zu geben; alles zu lassen, wie bisher; noch weiter um unsere Ehe zu kämpfen usw.). Ich bitte dich, dass du mir stattdessen jetzt das ins Herz legst, was du willst. Ich will .... (zum Beispiel: einen Monat) deine Antwort abwarten und dann tun, was du in mein Herz gelegt hast."

In der Bibel wird an vielen Stellen gezeigt, dass wir Gott besser verstehen und seine Stimme von den anderen Stimmen in unserem Herzen besser unterscheiden können, wenn wir fasten. Deshalb ist es vielleicht gut, wenn du während dieser Zeit, in der du auf Gottes Antwort wartest, auch fastest. Das muss kein großes Fastenprojekt sein. Mache etwas, das du durchhalten kannst. Du könntest dir zum Beispiel vornehmen, in dieser Zeit auf Süßigkeiten zu verzichten. Oder du könntest bis zum Mittagessen nur eine Tasse Kaffee oder ein Glas Saft trinken oder nur ein Stück Toast essen, danach aber normal zu Mittag und zu Abend essen. Wenn du Diabetiker bist oder aus anderen Gründen regelmäßige Mahlzeiten brauchst, suche dir eins deiner gewohnten Gerichte aus und iss für vielleicht drei Wochen oder einen Monat nichts anderes für eine bestimmte Mahlzeit. Oder überlege dir, worauf du sonst verzichten willst. Auf Fernsehen vielleicht? Reserviere dir in der Zeit, in der du auf Gottes Antwort wartest, jeden Morgen und jeden Abend zehn Minuten, in denen du besonders dafür betest, dass Gott dir zeigt, was er von dir will. Gott spricht so klar, dass auch du verstehen wirst, was er sagt. Und wenn du schließlich weißt, was Gott will, dann tue es. Gott sagt, dass er beides gibt, den Wunsch und die Kraft, seinen Willen zu tun (Philipper 2,13).

In diesem Kapitel ging es darum, von Verletzungen und Bindungen freizuwerden und so alte Strukturen hinter sich zu lassen. Das allein reicht jedoch nicht, um das Miteinander in der Ehe zu verbessern. Wir brauchen dazu nicht nur, dass unsere schmerzhaften Videos ein neues Ende bekommen. Wir brauchen auch anstelle der alten, die immer wieder zu Schmerz und Verstimmungen geführt haben, neue „Gewusst-wie"-Videos. Im nächsten Kapitel werden wir uns anschauen, wie wir solche neuen Videos entwickeln können.

Kapitel 9
Neue Videos entwickeln

Kinder erlernen von ihren Eltern die grundlegenden Muster der Beziehungen in der Familie. Bei ihnen sehen sie, wie sich Männer und Frauen, Väter und Mütter verhalten müssen. Was sie so aufnehmen, spielen sie im Alter von drei bis fünf Jahren mit Puppen und anderem Spielzeug nach und bauen es während der restlichen Jahre der Kindheit weiter aus. So werden in ihnen grundlegende „Gewusst-wie"-Videos eingespielt und gespeichert, die ihnen auch im Erwachsenenalter noch zeigen, wie sie sich in der Beziehung zu ihrem Ehepartner verhalten und ihre Kinder behandeln sollen, wie sie in Konflikten reagieren, mit Problemen umgehen und sich auf bestimmte Situationen einstellen müssen.

Wenn unsere Eltern konstruktive Beziehungsmuster hatten, bilden sich in uns „Gewusst-wie"-Videos, die uns anleiten, wie wir uns effektiv mitteilen und verständigen können. Wenn Streitereien, Nörgelei, Unzuverlässigkeit und Kritiksucht zu ihrem Verhaltensrepertoire gehörten, bringen uns unsere grundlegenden „Gewusst-wie"-Videos dieselben Probleme wie seinerzeit unseren Eltern. Viele Kinder aus gestörten Familien nehmen sich vor, es als Erwachsene einmal anders und besser zu machen als ihre Eltern. Weil sie jedoch nur die alten Videos haben, gelingt ihnen das meistens nur sehr unvollkommen.

Leider hat niemand – einschließlich meiner eigenen beiden Kinder – vollkommene Eltern gehabt. Denn alle Familien sind aus unvollkommenen Menschen zusammengefügt. Wer aus einer relativ heilen Familie stammt, hat einen höheren Anteil guter „Gewusst-wie"-Videos. Aber niemand hat eine perfekte Sammlung. Das galt auch für mich selbst, wie ich gar nicht lange nach unserer Hochzeit merkte.

Unbrauchbare Videos entdecken

Ich wurde in eine sehr stabile christliche Familie hineingeboren. Meine Eltern liebten und akzeptierten jedes von uns sechs Kindern als einzigartige, besondere Persönlichkeit. Aber in einem Bereich kam es bei uns immer wieder zu Reibereien, nämlich dann, wenn meine Eltern eine Entscheidung treffen mussten. Meine Mutter beharrte dann energisch und unnachgiebig auf ihrer Meinung.

Als mein Mann und ich heirateten, nahm ich mir vor, mich niemals so wie meine Mutter mit meinem Mann zu streiten. Aber es dauerte nicht lange, bis Karl-Wilhelm einmal genervt sagte: „Moment mal, lass mich doch bitte meine Entscheidung treffen!"

„Tue ich das denn nicht?", fragte ich zurück. „Ich sage dir nur meine Meinung. Du willst doch wohl, dass ich dir meine Ansicht sage, oder?"

„Nun ja", antwortete er eines Tages leicht frustriert, „ich möchte deine Meinung hören. Aber musst du sie mir so oft sagen?"

Da merkte ich, dass ich genau das machte, was ich nicht gewollt hatte. Mir fehlte ein Vorbild, ein „Gewusst-wie"-Video dafür, wie ich mich in solch einer Situation anders mitteilen konnte, als es früher meine Mutter getan hatte. Ich hatte keine Idee, wie ich meine Ansicht äußern konnte, ohne nachdrücklich darauf zu beharren.

Jeder, der dafür sensibel ist, erlebt entsprechende Situationen. Man hat sich vorgenommen, alles anders zu machen und kann doch nicht aus seiner Haut, oder – um bei unserem Bild zu bleiben – aus dem alten Video heraus. Helfen könnten da neue Videos. Die große Frage ist nur: Wo finde ich neue Vorbilder und Vorstellungen und wie bilde ich solche neuen Videos?

David

Unser Sohn David ist Musiker, aber als Kind hatte er keine Ausdauer beim Klavier üben. Meist ließ er seine Finger immer nur so schnell er konnte über die Tasten laufen, bis er einen Fehler machte. Dann hielt er an und spielte sein Stück wieder von vorne, bis er unweigerlich beim selben Fehler wieder hängen blieb und noch einmal anfing. So wiederholte er immer wieder ein und denselben Fehler.

„David", unterbrach ich ihn eines Tages, „auf diese Weise übst du deine Fehler und nicht deine Musik. Du musst sehr langsam von einigen Takten vor dem Fehler bis zu einigen Takten nach dem Fehler spielen, bis du diese Stelle sicher kannst."

„Aber Mama", protestierte er, „ich möchte schnell spielen."

„Das kannst du auch, sobald du die schwierige Stelle so oft langsam geübt hast, dass jeder Finger automatisch richtig spielt", versicherte ich ihm. „Wie oft muss ich es denn langsam spielen?", fragte er.

„Nun, ich denke, wenn du es zehnmal ohne Fehler geschafft hast, kannst du nach und nach das Tempo steigern. Aber sobald du wieder einen Fehler machst, musst du wieder langsamer spielen."

Als David sich viele Jahre später auf sein letztes Vorspiel für die Abschlussprüfung am College vorbereitete, fragte ich ihn, wie er vorankomme. Ich lachte, als er antwortete: „Nun, Mama, ich bin über das Stadium hinaus, wo ich alles erst zehnmal langsam spielen musste."

David war außerdem noch begeisterter Fußballspieler. Wenn seine Mannschaft einen Wettkampf gehabt hatte, trafen sich hinterher alle Spieler mit dem Trainer, um über das Spiel zu sprechen. Wenn ein Video gedreht worden war, schauten sie sich das an und diskutierten darüber, was sie gut gemacht hatten und wo ihre Strategie versagt hatte. Später übten sie neue Strategien, bis die Mannschaft sie beherrschte.

In beiden Fällen – beim Fußball und beim Klavier – mussten sozusagen die „Gewusst-wie"-Videos abgespielt werden, bis der Fehlerpunkt gefunden war. Dann musste der Fehler „verlernt" werden, indem er durch eine neue Strategie ersetzt wurde. Wenn der Musiklehrer oder der Trainer diese neue Möglichkeit vorgestellt hatte, musste sie eingeübt werden, und zwar am Anfang so langsam, dass jede neue Bewegung sich einprägen konnte, bis schließlich alles automatisch ablief.

Diese Beispiele zeigen, wie neue „Gewusst-wie"-Videos eingespielt werden können. Wenn wir entdecken, dass es an einem bestimmten Punkt in unserer Beziehung immer wieder zu Problemen kommt, brauchen wir neue Vorbilder und Strategien. Die können wir möglicherweise bei Freunden finden oder auch durch eine gute Beratung, bei der uns neue Ideen, Konzepte und Vorbilder vermittelt werden. Die müssen dann – zuerst langsam – eingeübt werden, bis sie so selbstverständlich ablaufen, als hätte man nie etwas anderes gemacht.

Wenn jemand aber meint, keine Hilfe zu brauchen oder sich nicht helfen lassen will, führt das leicht dazu, dass sich seine Fehlstrategien immer mehr verfestigen und ihn immer tiefer in Beziehungskatastrophen stürzen.

Neue Formen der Kommunikation

In Kapitel eins hatten wir festgestellt, dass ohne Kommunikation keine gute Beziehung bestehen kann. Zu einer effektiven Kommunikation gehört beides, reden und zuhören, sich selbst zu äußern und den Gesichtspunkt des anderen zu verstehen. Vielleicht denkst du jetzt: „Ich würde gern an unserer Kommunikation arbeiten, aber mein Partner will nicht mitmachen, und deshalb kann ich nichts tun."

Es stimmt, dass du deinen Partner nicht zwingen kannst, sich zu ändern. Aber du kannst dich selbst ändern. Wenn du das tust, kann dein Partner nicht derselbe bleiben. Wenn zwei Leute boxen und einer einfach weggeht, wird der andere vielleicht noch eine Weile in die Luft boxen, aber irgendwann wird er damit aufhören.

Wenn ihr das nächste Mal miteinander sprecht, versuche, deinem Partner oder deiner Partnerin deine ganze Aufmerksamkeit zu widmen. Stelle dir selbst folgende Fragen:

Denke ich an etwas anderes, während ich ihm/ihr zuhöre?

Unterbreche ich ihn/sie, bevor er fertig gesprochen hat?

Denke ich darüber nach, wo er/sie Unrecht hat, oder darüber, was ich ihm/ihr gleich antworten werde, statt wirklich auf das zu achten, was er/sie sagt und fühlt?

Meine ich, sowieso schon zu wissen, was er/sie denkt und fühlt?

Glaube ich, dass er/sie mir etwas vormacht und nicht ehrlich äußert, was er/sie denkt oder fühlt?

Wenn du eine dieser Fragen mit Ja beantworten musst, dann hörst du nicht richtig zu und dann kommt deshalb keine wirkliche Verständigung zustande.

Wenn dein Partner/deine Partnerin fertig gesprochen hat, dann überlege:

Was wollte er/sie mir mitteilen?

Was hat er/sie gefühlt?

Dann sage deinem Partner, was du verstanden hast: ....
.... (zum Beispiel: „Ich habe dich jetzt so verstanden, dass du sehr empört warst, weil die Kinder ihre Hausaufgaben noch nicht fertig hatten, als du nach Hause kamst, obwohl du ihnen das gesagt hattest.") Wenn du nicht verstehst, was dein Partner ausdrücken wollte, dann sage ihm das: .... (zum Beispiel: „Ich habe dich nicht richtig verstanden. Bitte sage es mir noch einmal"). Bestätigt dein Partner, dass du ihn richtig verstanden hast, dann sage ihm, wo du ihm zustimmen kannst: ....
.... (zum Beispiel: „Es stimmt, dass du den Kindern gesagt hattest, dass sie ihre Hausaufgaben fertig haben sollten, wenn du nach Hause kommst." Oder: „Ich finde auch, dass sich unsere Nachbarn manchmal reichlich eigentümlich benehmen." Oder auch: „Ich kann verstehen, dass dich das verletzt hat").

Wenn du deinem Partner gesagt hast, wo du mit ihm übereinstimmst oder seine Gefühle und Gedanken wenigstens verstehen kannst, erkläre deine Gesichtspunkte. Wenn du das in Form von Fragen machst, hilfst du deinem Partner, deine Sicht der Dinge an sich herankommen zu lassen. Frage ihn: „Was denkst du, würde passieren, wenn .... (zum Beispiel: du wegen der Nachbarn die Polizei rufst? Würden sie sich dann hinterher nicht desto schlimmer aufführen? / Meinst du, dass die Kinder mit ihren Schularbeiten zuverlässiger werden, wenn du ihnen jetzt einen Monat Hausarrest aufbrummst? usw.). Mir scheint, dass .... (zum Beispiel: eine Woche lang genug ist; es hilfreicher ist, wenn sie in Zukunft ein besonderes Aufgabenheft führen usw.)."

Wenn dein Ehepartner dich unterbricht, bevor du fertig bist, höre aufmerksam zu, wiederhole die oben beschriebenen Schritte und frage dann, ob du nun deine Gesichtspunkte darstellen kannst. Versichere ihm, dass du gerne auch seine Meinung dazu wissen möchtest.

Wenn dein Partner etwas gesagt hat, das dich verletzt hat, sage ihm das, aber gebrauche dabei „Ich-Sätze": „Als du das gesagt hast, habe ich mich .... (zum Beispiel: abgelehnt, verletzt) gefühlt. Es kommt mir vor, als ob ....
.... (dich meine Gefühle und Gedanken nicht sonderlich interessieren / dir deine Mutter wichtiger ist als deine Frau usw.). Ich

brauche, ... (dass du versuchst, mich zu verstehen, auch wenn du nicht einer Meinung mit mir bist; wenn ich nach Hause komme, erst einmal zwanzig Minuten Zeit, um mich zu entspannen, bevor du mir über deine Schwierigkeiten erzählst usw.).“

Wenn du eine Antwort deines Partners nicht verstehst, dann frage nach: „Ich habe nicht verstanden, warum du das gesagt hast. Was denkst du, hatte ich gemeint? Was hat das für dich bedeutet? Was hast du gefühlt, als ich das gesagt habe? Warum hat dich das verletzt?“

Dieser Prozess, alte Videos zu überprüfen und neue zu bespielen, erfordert viel Ausdauer und Geduld. Manche Ehepaare protestieren: „Aber es dauert so lange, wenn wir alles auf diese Weise besprechen.“ Das stimmt. Lieber würden wir – wie damals mein Sohn David – alles ganz schnell schaffen. Doch neue Verhaltensmuster zu erlernen kostet immer Zeit. Aber eines Tages wird diese Form, sich miteinander zu verständigen, so leicht und natürlich sein, wie es die alte Form war – doch mit bedeutend weniger Missverständnissen, Spannungen und Streit.

Über Gefühle und Gedanken wachen

Mancher Streit fängt in Gedanken an, deshalb müssen wir gut auf unsere Gedanken und Gefühle achten. Meine Freundin Emma erzählte mir einmal folgende Begebenheit:

Ich war eines Abends beim Kartoffel schälen, als mir plötzlich bewusst wurde, dass in meinem Kopf gerade ein verhängnisvoller Dialog ablief: „Du liebe Zeit, es ist schon sechs Uhr, und mein Mann wollte schon um fünf Uhr zu Hause sein. Ich wette, er steckt wieder mal im Stau. Dabei hat er so viel zu tun! Bestimmt ärgert er sich schrecklich, so viel Zeit zu verlieren. Und wenn er nach Hause kommt, ist er so unter Druck, dass er sagen wird ... Dann antworte ich ihm ... Und er wird mir vorwerfen ... Und ich erwidere ...“

Ehe ich mich versah, war ich in Gedanken mitten in einem Riesenstreit. „Augenblick“, stoppte ich mich selbst, „du weißt nicht einmal, ob er wirklich im Stau steckt und erst recht nicht, in welcher Stimmung er ist, wenn er nach Hause kommt.“

Aber es dauerte nicht lange, bis meine Gedanken wieder dieselbe Richtung einschlugen: „Bestimmt steckt er im Stau, denn das Geschäft, in das er noch wollte, hat längst geschlossen. Er hasst es, im Stau zu stecken, besonders, wenn er so viel zu tun hat wie gerade heute. Sicher ist er jetzt schon furchtbar angespannt, und er wird sagen … Und dann sage ich … Und er wird sagen …"

„Vorsicht", stoppte ich mich wieder. „Was denkst du da wieder? Du weißt ja gar nicht, wo er steckt."

Mir kamen die Bibelverse 2. Korinther 10,5.6 in den Sinn: „Die Waffen unseres Kampfes sind nicht fleischlich, sondern mächtig im Dienst Gottes, Festungen zu zerstören. Wir zerstören damit Gedanken und alles Hohe, das sich erhebt gegen die Erkenntnis Gottes."

Das hieß, dass ich meinen Gedanken nicht hilflos ausgeliefert war, dass ich dagegen angehen konnte, obwohl sie mich in diesem Augenblick fest im Griff hatten. Ich meinte, sie entsprächen wirklich der Wahrheit, denn ihr Ursprung lag in meinen Gefühlen. Ich hatte das sichere Gefühl, dass sie stimmten.

„Gut, Gott", betete ich, „ich will jetzt wissen, was wirklich los ist. Du weißt, wo ich verkehrt denke und fühle. Bitte zeige es mir."

„Nun, zuerst", kam es mir da in den Sinn, „weißt du gar nicht, wo dein Mann wirklich ist, und auch nicht, was er tut. Er kann durch irgendetwas anderes aufgehalten worden sein. Und außerdem weißt du nicht, in welcher Stimmung er ist, wenn er nach Hause kommt."

„Aber sieh mal, wie spät es ist", argumentierte ich in Gedanken dagegen. „Es ist sicher, dass er im Stau steckt. Wo soll er denn sonst sein! Und du weißt, unter welchem Arbeitsdruck er zurzeit steht."

„Allerdings muss ich zugeben", nahm ich meine Gedanken wieder zusammen, „dass alles nur Vermutungen sind, auch wenn ich das Gefühl habe, dass es stimmt, was ich befürchte."

„Vater", betete ich, „wenn ich diese Situation wirklich falsch sehe, dann zeige mir das, wenn mein Mann nach Hause kommt. Und nun weigere ich mich, diesen Gedanken weiter nachzuhängen. Ich warte darauf, dass du mir zeigst, was wirklich los ist."

Noch zwei Mal musste ich diese innere Auseinandersetzung zurückweisen. Ich wehrte mich dagegen und beschäftigte mich mit etwas anderem. Als mein Mann schließlich nach Hause kam, war es sieben Uhr, fast zwei Stunden später als erwartet. Aber als er zur Tür hereinkam, strahlte er.

„Ich bin so erleichtert", sagte er. „Ich habe alles geschafft, was ich heute erledigen musste."

„Wirklich?", fragte ich erstaunt. „Ich dachte, du wärest im Stau stecken geblieben. Hat dieses Geschäft nicht um fünf Uhr geschlossen?"

„Das habe ich auch gedacht", antwortete er, „aber dann bin ich doch noch vorbeigefahren, und zufällig hatten sie heute bis sieben geöffnet. Gerade während des Feierabendverkehrs habe ich in ihrem schön klimatisierten Büro gesessen und alles erledigt, was anlag. Ich bin so erleichtert, dass nun alles geschafft ist."

„Und die ganze Zeit", dachte ich bei mir, „hat diese Auseinandersetzung in meinem Kopf rumort und mich beunruhigt." –

Emma hatte sich selbst da hineingesteigert, indem sie sich vorstellte, in welcher Stimmung ihr Mann sein würde. Nur zu leicht hätte ihr dieser Streit, der sich in ihrer Fantasie abgespielt hatte, den Feierabend verderben können. Nun war sie dankbar, dass Gott ihr geholfen hatte, diese gedachte Auseinandersetzung aus ihrem Kopf zu verbannen. Gott war dabei, in Emma ein neues „Gewusst-wie"-Video dafür zu entwickeln, wie sie mit zwanghaftem Denken umgehen konnte.

Der „Zwiebelkomplex"

Wenn jemand weiß, dass seine Eltern ihm in bestimmten Lebensbereichen kein gutes Vorbild sein konnten, sollte er seine „Gewusst-wie"-Videos überprüfen und versuchen, zerstörerische Verhaltensformen im eigenen Leben aufzudecken. Das bedeutet allerdings nicht, dass er nun anfangen soll, an sich selbst herumzukritisieren, sich herabzusetzen, sich ständig einzureden, wie schrecklich er ist, dass er nichts kann oder einfach zu dumm ist und alles Mögliche ändern muss. Diese Form der „Selbsthilfe" bewirkt keine positive Veränderung, sondern führt zu dem, was ich den „Zwiebel-Komplex" nennen möchte.

Eine Zwiebel hat außen eine braune Schale. Wenn man sie abschält, kommt darunter die nächste Schicht zum Vorschein, die abgeschält

164

werden kann. Und unter dieser Schicht liegt eine weitere und noch eine und noch eine. Wenn wir eine Schicht nach der anderen abschälen, bleibt schließlich von der Zwiebel nichts mehr übrig – nichts als scharfer Geruch und viele Tränen.

Wenn jemand versucht, sich zu bessern, indem er sich ständig kritisiert und beschimpft, schält er Schicht um Schicht von seinem Selbstwert weg, und am Ende bleibt von ihm nichts übrig als schlechter Geruch und viele Tränen – der Zwiebelkomplex.

Das Gleiche passiert, wenn wir auf unserem Ehepartner oder unseren Kindern herumhacken, sie ständig kritisieren oder ausschimpfen. Wir schälen dann Schicht um Schicht von ihrer Persönlichkeit und ihrem Selbstwert herunter, bis auch von ihnen nichts weiter übrig bleibt als viel Gestank und viele, viele Tränen – wiederum der Zwiebelkomplex.

Unser Bild im Spiegel der Herrlichkeit Jesu

Gott zeigt uns eine Möglichkeit, unsere „Gewusst-wie"-Videos zu verändern, ohne dabei den „Zwiebel-Komplex" hervorzurufen. Paulus schrieb an die Christen in Korinth: „Wir schauen alle mit aufgedecktem Angesicht die Herrlichkeit des Herrn wie in einem Spiegel, und wir werden verklärt in sein Bild von einer Herrlichkeit zur anderen vor dem Herrn, der der Geist ist" (2. Korinther 3,18).

Jesu Bild ist auf dem Spiegel seiner Herrlichkeit zu sehen. Wenn wir in diesen Spiegel hineinschauen, sehen wir unsere eigene Reflexion, die sein Bild überlagert. Je ehrlicher wir dabei sind, desto klarer sehen wir das Bild Jesu und erkennen, wo und wie wir uns von dem unterscheiden, was er ist und tut. Wenn wir dann unser Leben nach dem ausrichten, was wir bei Jesus sehen, werden wir selbst und auch unsere Beziehungen zu anderen Menschen verändert. Wenn wir in den Spiegel seiner Herrlichkeit schauen, wird Jesus zum Vorbild für unsere neuen „Gewusst-wie"-Videos. Das kann man dann folgendermaßen veranschaulichen:

In der Praxis kann das so aussehen: Wenn wir merken, dass es Probleme im Zusammenleben gibt, weil wir uns nach einem bestimmten alten Video verhalten, können wir innehalten und uns fragen: „Was würde Jesus in meinem Fall und an meiner Stelle jetzt tun? Wenn er in meiner Haut steckte, wie würde er meinem Ehepartner jetzt antworten? Wie würde er verstehen und fühlen, was gerade vor sich geht? Wie würde er reagieren?"

Wenn dein Kind etwas ausgefressen hat, frage dich: „Wenn Jesus jetzt hier wäre, wie würde er reagieren? Was würde er tun und sagen?"

Wenn du nach der Arbeit nach Hause kommst, denke darüber nach: „Wie würde Jesus meine Frau/meinen Mann und meine Kinder begrüßen?"

Wenn deine Frau oder dein Mann gerade kommt, frage dich, wie Jesus ihn/sie empfangen würde: „Was würde er sagen? Wie würde Jesus mit meinem Mann/meiner Frau über das sprechen, was ich ihm/ihr sagen muss?"

Wenn du dich durch etwas, das dein Mann/deine Frau dir gesagt hat, verletzt fühlst oder du verärgert bist, dann geh ins Schlafzimmer oder ins Badezimmer und sage Jesus: „Herr, ich bin sehr .... (zum Beispiel: ärgerlich, verletzt, verwirrt) über das, was er/sie gesagt (getan) hat. Ich gebe dir das jetzt alles, zusammen mit meinem Ärger (meinem Schmerz, meiner Verwirrung). Bitte trage du es für mich. Ich atme deine Gnade und deinen Frieden ein. Und nun zeige mir bitte, was du sagen würdest, wenn du in meiner Haut stecktest."

Gott hat versprochen, dass er dir Weisheit geben wird, wenn du nicht weißt, was du tun sollst (Jakobus 1,3). Er kann so zu dir sprechen, dass auch du ihn verstehst.

Lass nun in deiner Vorstellung ein Video davon ablaufen, wie Jesus sich in deiner Situation verhielte, beobachte, was er täte und sagte. Lass dieses Video immer wieder von vorne laufen und stell dir vor, du ständest neben ihm und machtest nach, was er tut. Und zum Schluss stell dir vor, dass du selbst tust, was du von Jesus gesehen hast. Spiele das Video so oft ab, bis du dich darin sicher fühlst. Und dann geh und handle so, wie Jesus es dir gezeigt hat.

„Aber das ist schwer", protestieren manche Leute, denen ich diese Strategie vorstelle. „Das ist sehr schwer!"

„Nein", sage ich ihnen dann, „das ist nicht nur schwer. Es ist sogar total unmöglich! Das kann niemand aus eigener Kraft. Wir schaffen es nur durch Gottes Gnade."

Das Wort „Gnade" bedeutet, dass ich etwas bekomme, das ich nicht verdient habe, dass Gott mir die Kraft, den Mut und die Entschlossenheit gibt, weit über das hinauszugehen, was ich aus eigener Kraft kann.

Wenn jemand betet: „Oh Gott bitte hilf mir ...", bete ich manchmal gleich danach: „Oh Gott, bitte hilf ihm nicht. Denn er braucht viel mehr als deine Hilfe, er braucht ein Wunder, er braucht deine Gnade."

Die Spielkiste

Den Unterschied zwischen „Hilfe" und „Gnade" will ich an einem Beispiel erklären. Stellen wir uns vor, ein kleines Kind säße ins Spiel versunken in seinem Zimmer. Sein Vater schaut herein und sagt ihm: Wenn du deine Spielkiste woanders hinbringen willst, dann rufe mich. Ich helfe dir." Nach einer Weile möchte das Kind woanders weiterspielen. Es zieht und zerrt an seiner Kiste, aber sie ist zu schwer. Da fällt ihm ein, dass sein Vater ihm helfen wollte, und es ruft ihn: „Papa, komm und hilf mir. Ich bin nicht stark genug. Bitte zieh an meinen Armen, damit ich die Kiste bewegen kann."

Der Vater macht es so, wie das Kind es sich vorgestellt hat. Aber die Hände des Kindes sind zu schwach, und es lässt los.

„Aber Papa", sagt es enttäuscht, „du hast doch gesagt, dass du mir helfen willst."

„Es reicht nicht, wenn ich dir so helfe, wie du das gesagt hast", erklärt ihm da sein Vater. „Dazu ist die Kiste zu schwer. Ich muss sie alleine tragen, und du kannst mit anfassen." Und dann hebt er die Kiste mühelos hoch und bringt sie ins nächste Zimmer.

Wenn wir Gott um Hilfe bitten, begrenzen wir ihn nur zu leicht auf unsere Möglichkeiten, Hilfe zu empfangen. Wir meinen, mit ein wenig Unterstützung von Gott würden wir es schon schaffen. Aber neue Videos einzuspielen und danach zu handeln, ist eine viel zu schwere Aufgabe, als dass wir sie mit ein wenig „Hilfe" schaffen könnten. Das müssen wir vor Gott eingestehen: „Gott, das ist viel zu schwer für mich. Ich brauche dazu nicht nur deine Hilfe, ich brauche ein Wunder! Wenn du mich nicht veränderst, werde ich bleiben, wie ich bin. Wenn du nicht die Dinge in die Hand nimmst, werde ich in meine alten ,Gewusst-wie'-Videos zurückfallen und alles wird so katastrophal bleiben wie eh und je. Ich brauche ein Wunder der Gnade, damit ich tun kann, was du an meiner Stelle tun würdest."

Dann steh auf und tu, was er dir gezeigt hat und rechne damit, dass er in dir vollbringen wird, was dir unmöglich ist. Wenn du wartest, bis du dich stark genug fühlst zu tun, was er dir gezeigt hat, oder bis du es wirklich auch möchtest, wirst du nie damit beginnen. Du kannst Gottes Gnade nur dann erfahren, wenn du anfängst zu tun, was er dir gesagt hat. Eine Geschichte aus der Bibel macht das deutlich.

Über den Jordan

Nach vierzigjähriger Wanderung durch die Wüste stand das Volk Israel endlich an der Grenze des Landes, das Gott ihm als Eigentum versprochen hatte. Nur der Jordan trennte die Israeliten noch von ihrem Ziel. Gott sagte ihnen, dass sie über den Fluss gehen sollten, obwohl das Ufer zu der Zeit überflutet und die Strömung gefährlich war. Menschlich gesehen war es unmöglich, da hinüberzukommen. Aber weil Gott es ihnen gesagt hatte, gingen die Priester, die Israels Heiligtum, die Bundeslade, auf ihren Schultern trugen, vor dem Volk her auf den Fluss zu. Und so gingen sie – einen Schritt nach dem anderen. Schließlich waren es nur noch wenige Schritte bis zum Fluss und Gott hatte noch nichts getan, um den Weg für sie zu öffnen.

Ihre Herzen müssen vor Angst und Spannung gepocht haben, als sie weitergingen: vier, drei, zwei Schritte waren noch übrig. Und Gott hatte noch immer nichts getan. Nur noch ein Schritt, dann würden sie in den Fluss fallen und von der Strömung fortgerissen werden. Was für ein schmachvolles Ende ihres langen Weges durch die Wüste würde das sein! Was für eine Schande für ihren Gott!

Was sollten sie nun tun? Sollten sie am Ufer warten, bis Gott irgendetwas getan hatte, um sie hinüberzubringen? Hatten sie ihn vielleicht falsch verstanden? Würden sie nicht ihr Leben riskieren, wenn sie jetzt weitergingen? Brauchten sie nicht von Gott erst noch ein paar Garantien dafür, dass die kostbare Bundeslade, die er ihnen anvertraut hatte, nicht weggeschwemmt und für immer verloren gehen würde?

Aber Gott hatte ihnen befohlen, vorwärts zu gehen, und deshalb wagten sie es. Ein tiefer Atemzug noch, und dann traten sie in den Fluss. In dem Moment, als ihre Fußsohlen das Wasser berührten, teilte Gott vor ihnen den Jordan. Die Priester und hinter ihnen das ganze Volk konnten trockenen Fußes hindurch gehen.

So, wie Gott damals sein Volk über den Jordan brachte, wird er dir seine Gnade und Kraft geben, damit du tun kannst, was er dir gezeigt hat – aber du musst erst sozusagen nasse Füße bekommen, du musst anfangen zu gehen. Wie die Priester auf den Fluss zugehen mussten, obwohl sie keine Vorstellung davon hatten, wie sie das ausführen konnten, was Gott ihnen gesagt hatte, musst du anfangen zu tun, was Gott dir gezeigt hat. Dann wird Gott das Wunder tun, das du brauchst. Du wirst erleben, wie er dir neue „Gewusst-wie"-Videos für dein Leben und deine Ehe gibt.

Wenn du anfängst, ihnen zu folgen, wird sich deine Art, zu handeln und zu reagieren, langsam ändern, was dann zu Veränderungen in deinen Beziehungen und besseren Spielregeln in deiner Ehe führt.

Lass dich in diesem Lernprozess nicht durch Rückfälle entmutigen. Wie allen Menschen wird es dir passieren, dass eines Tages eins deiner alten Videos wieder abläuft und du dich entsprechend verhältst – mit den verheerenden Folgen, die du aus der Vergangenheit nur zu gut kennst. Wenn das passiert, dann denke daran, dass für jeden Menschen Rückfälle zum Wachstumsprozess dazugehören. Gestehe es dir ein: „Ich habe wieder wie früher reagiert." Und dann sprich mit Gott darüber: „Gott, es tut mir Leid, aber heute habe ich wieder .... (zum Beispiel: mich ohne Grund angegriffen gefühlt und zurückgeschlagen). Ich bin .... (zum Beispiel: traurig und enttäuscht über mich selbst, weil mir das wieder passiert ist). Danke, dass du nicht enttäuscht über mich bist, dass du mich nach wie vor liebst und mir vergibst und mir jetzt hilfst, wieder voranzugehen."

Dann sage deinem Mann beziehungsweise deiner Frau, was du verkehrt gemacht hast, bitte um Vergebung und gehe weiter vorwärts. Lass noch einmal das Video von diesem Vorfall ablaufen, sieh dir in deiner Vorstellung an, was Jesus an deiner Stelle getan hätte und konzentriere dich auf dieses neue Video.

Aus Gottes Gnade leben

Aus Gottes Gnade zu leben bedeutet nicht, dass wir mit einem Schlag alle unsere Probleme los werden. Das zeigt sehr eindrücklich ein Erlebnis des Apostels Petrus.

Petrus war eines Nachts mit den anderen Jüngern zusammen in einem Boot mitten auf dem See Genezareth. Wind und Wellen machten ihnen zu schaffen, und sie mussten ihr ganzes seemännisches Können aufbieten, um nicht unterzugehen. Da sahen sie auf einmal, wie Jesus auf dem Wasser zu ihnen kam. „Habt keine Angst", sagte er ihnen, „ich bin's." „Wenn du es bist", antwortete Petrus, „dann sage mir, dass ich auf dem Wasser zu dir kommen soll." „Komm!", sagte Jesus. Und Petrus stieg aus dem Boot und ging auf Jesus zu.

Solange er nur Jesus im Blick hatte, ging alles gut. Doch mit einem Mal wurde ihm klar, was er da tat, dass dies unmöglich und gefährlich war. Er sah die Wellen, die ihn zu verschlingen drohten und spürte den wütenden Sturm. Da ging er unter. „Jesus, rette mich", schrie er in höchster Not. Sofort fasste Jesus seine Hand und zog ihn wieder herauf (Matthäus 14,23-32).

Aus Gottes Gnade zu leben ist damit vergleichbar, wie damals Petrus auf dem Wasser zu gehen. Wir sind unterwegs in den morschen Booten des Altgwohnten. Um uns her wüten die Stürme unserer Gefühle. Probleme und gegenseitige Missverständnisse werfen uns wie turmhohe Wellen hin und her. Wir fürchten, dass unser Boot jeden Augenblick unter uns zerbirst. Auf einmal hören wir, wie Jesus uns zuruft, die zweifelhafte Sicherheit vertrauter Überlebensstrategien und Verhaltensmuster zu verlassen, auszusteigen aus diesem morschen Boot und auf dem Wasser zu ihm zu kommen. Können wir es wagen? Können wir diesen ersten, beängstigenden Schritt riskieren, die vertrauten Verhaltensweisen hinter uns zu lassen, die unsere einzige Sicherheit im Leben waren? Ist das nicht einfach nur verrückt und überspannt und gefährlich?

Wenn wir es tun, bringt uns jeder Schritt weiter von allem weg, das uns unser Leben lang ein Gefühl der Sicherheit gegeben hat. Aber solange wir Jesus ansehen, kann uns nichts passieren – er ist nun unsere Sicherheit. Sobald wir aber unsere Augen von ihm weg wenden und den Sturm und die Riesenwellen unserer Probleme anschauen, versinken wir. Dann hilft nur eins, und zwar zu schreien: „Jesus, rette mich!" Im selben Augenblick ist seine Hand und seine Gnade für uns da – diese Gunst, die wir nicht verdienen. Jesus hebt uns wieder hoch und hält uns sicher auf dem Wasser.

Wenn wir durch seine Gnade leben, ist er unser Führer, unsere Sicherheit, unser Vorbild, unser „Gewusst-wie"-Video. Wenn wir ihn anschauen, lernen wir neue Formen kennen uns mitzuteilen, einander zuzuhören, zu reagieren und miteinander umzugehen. Er selbst verwandelt dann uns und unsere Ehen in das Bild seines Friedens und seiner Liebe.

Gott kann und will Ehen heilen.

Literatur zum Thema

Erikson, Erik, Kindheit und Gesellschaft. Klett-Cotta, Stuttgart 1992.

Erikson, Erik, Der vollständige Lebenszyklus. Suhrkamp, Frankfurt a. M. 1992.

Kübler-Ross, Elizabeth, Interviews mit Sterbenden. Kreuz, Stuttgart 1997.

Tannen, Deborah, Du kannst mich einfach nicht verstehen. Warum Männer und Frauen aneinander vorbeireden. Goldmann, München 1999.

Westmeier, Arline, Die verletzte Seele heilen. Gesundung durch Seelsorge. Blaukreuz, Wuppertal 1996.

Weitere Bücher aus den Blaukreuz-Verlagen Wuppertal und Bern

Cheryl Sanfacon / Joyce Moccero
Meine Frau ist nicht verrückt
Was ich als Partner tun kann.
Paperback, 112 Seiten, z. Z. DM 22,80 / öS 166,– / sFr. 23,–

Erstmalig wird hier anhand eines anrührenden Beispiels geschildert, wie Familie, Freunde und Ärzte bei der Behandlung eines psychisch kranken Angehörigen helfen können. Dieses Buch hilft Ihnen, mit widersprüchlichen Gefühlen umzugehen und Ihren Partner bei einer Therapie zu begleiten; eine Kraftquelle für alle, die einer seelischen Erkrankung und der Therapie eines Angehörigen hilflos gegenüberstehen.

Arline Westmeier
Die verletzte Seele heilen
Gesundung durch Seelsorge
– mit Fallbeispielen und Illustrationen –
6. überarbeitete Auflage
Paperback, 144 Seiten, z. Z. DM 21,80 / öS 159,– / sFr. 22,–

Viele Menschen haben seelische Verletzungen verdrängt. Unerklärliche Verhaltensweisen sind die Folge. An zahlreichen Beispielen macht die Autorin deutlich: Es gibt Befreiung von der belastenden Vergangenheit. Vielen Ratsuchenden hat sie geholfen, sich ihren schmerzhaften Erinnerungen und Gefühlen zu stellen, sie an Jesus Christus abzugeben und sich von ihm dauerhaft heilen zu lassen.

Ingrid Ebert
Dienstags in der Mauergasse
Suchtkranke machen Hoffnung.
Paperback, 80 Seiten, z. Z. DM 17,80 / öS 130,– / sFr 18,–

Der Kampf gegen die Sucht – ein scheinbar aussichtsloses Unterfangen. Und doch berichten hier Menschen, wie sie nicht nur die Tiefen der Sucht kennen gelernt, sondern auch Befreiung erlebt haben und Rückhalt fanden im Glauben an Jesus Christus. Das Buch macht Mut und Hoffnung: Neues, verändertes Leben ist möglich.

Weitere Bücher aus den Blaukreuz-Verlagen Wuppertal und Bern

Eberhard Rieth
Liebe am Ende – Ehe am Ende?
3. Auflage, Taschenbuch, 96 Seiten, z. Z. DM 9,90 / öS 72,– / sFr 10,–

Geht der hoffnungsvolle Beginn einer Partnerschaft in Verbitterung und Resignation über, sehen viele als Ausweg nur noch Trennung. Doch viele Paare geben zu früh auf. Wenn sie an sich zu arbeiten bereit werden, können sie zu einem erneuerten Miteinander finden, wie das hier vorgestellte Beispiel beweist.

Dwight L. Carlson
Im Fadenkreuz der Vorurteile
Seelisch Verwundete entlasten – nicht belasten.
Paperback, 168 Seiten, z. Z. DM 22,80 / öS 166,– / sFr. 23,–

Sind seelische Störungen die Folge persönlicher Schuld? Der Autor stellt neuste wissenschaftliche Erkenntnisse vor, die belegen, dass seelische Störungen körperliche oder biologische Ursachen haben können. Damit vermittelt er praktische Hilfe für seelisch Verwundete, für Seelsorger und Helfer.

Dewey Bertolini
Ich hätte ihn umbringen können
Hass und Verbitterung überwinden.
Paperback, 112 Seiten, z. Z. DM 19,80 / öS 145,– / sFr 20,–

Lebendige Beispiele zeigen: Gott macht das Unmögliche möglich! Der Verfasser legt ausführlich dar, wie Verbitterung entsteht und wie man lernen kann, anderen und sich selbst zu vergeben. Das Buch will Mut machen, Gott auch „unmögliche" Lösungen zuzutrauen.